Volker Winkler

Gehmeditation
im Alltag

Die besten Gelegenheiten
für mehr Ruhe und Klarheit

WINDPFERD

1. Auflage 2014
© 2014 Windpferd Verlagsgesellschaft mbH, Oberstdorf
Alle Rechte vorbehalten
Umschlaggestaltung: Markus Kuhn | KplusH, Agentur für Kommunikation und
Design, CH-Amden, Covermotiv: © iStock, Getty Images
Lektorat: Sylvia Luetjohann
Layout: Marx Grafik & ArtWork
Gesetzt aus der Adobe Text
Druck: Himmer AG, Augsburg

Printed in Germany
ISBN 978-3-86410-078-9
www.windpferd.de

Inhalt

Einführung • Nichts von heilig – offene Weite   5

1 • Grundsätzliches und Praktisches   13
Anfang und Ende, Zeit und Dauer   13
Geisteshaltung   16
Geschwindigkeit   18
Koordination mit dem Atem   20
Wetter und Kleidung   22
Gesehen werden oder nicht gesehen werden   24
Blick und Gruß   28
Äußere und innere Stille   30

2 • Wie können wir Gehmeditation praktizieren?   35
Sehr langsame Vipassana-Gehmeditation   36
Langsame Zendo-Gehmeditation (Kinhin)   40
„3 x 1" Gehmeditation   44
Meditatives Gehen oder Wandern   48
Meditatives Jogging   54

3 • Orte und Erfahrungen:
Mein meditativer Weg durchs Leben   59
Krankenhaus   59
Autobahnraststätte   63
Wocheneinkauf   66
Rückkehr in den Heimatort   70
Kfz-Zulassungsstelle   74

Strand   77

Verspätung am Flughafen   81

Pause   85

Krebsstation   89

Schule   92

Tägliche Wege   96

Hund ausführen   101

Bergwanderung   105

Treppen   109

Vipassana im Wald   113

4 • Nimm das Leben ganz in deine Arme   117

Meditation als regelmäßiger Bestandteil des Tages   117

Sitzmeditation   121

Meditations-Retreats   127

Es ist Zeit zu gehen   130

Der Autor   133

Einführung •
Nichts von heilig – offene Weite

Gehen ist eine selbstverständliche Tätigkeit, die wir täglich verrichten – so wie das Essen, Schlafen, Händewaschen oder Sitzen. Aber es ist auch ein Wunder, gehen zu können, es ist ein Glück und ein Geschenk. Wenn Sie dies bezweifeln, dann fragen Sie bitte einen Menschen, der die Fähigkeit zu gehen infolge eines Unfalls oder einer Krankheit verloren hat und dauerhaft einen Rollstuhl benutzen muss.

Als man Buddha fragte, was seine Lehre ausmache, antwortete er: wir sitzen, wir gehen, wir essen. Auf den Einwand, dies täten doch alle, entgegnete er: Wenn wir essen, dann wissen wir, dass wir essen. Wenn wir sitzen, dann wissen wir, dass wir sitzen. Und wenn wir gehen, dann wissen wir, dass wir gehen.

Buddha bezeichnete also das *bewusste* Gehen – Sitzen, Essen und so weiter – als die Essenz seiner Lehre. Und das soll alles sein? Ja, das ist alles. Doch es bedarf einer gewissen Anstrengung, um wirklich bewusst zu gehen, und es gibt Tipps und Hinweise, die uns helfen können, nicht nur gelegentlich bewusst zu gehen, sondern täglich mehr Schritte zu bewussten Schritten zu machen, täglich mehr Momente zu bewussten Momenten zu machen und so frei zu werden von Illusionen, Gedanken, Sorgen, Problemen und Projekten, die uns unkontrolliert im Kopf herumschwirren und uns das Leben schwermachen. Um diese Tipps und Hinweise, um diese Anstrengung geht es in diesem Buch.

Viele Lehrer und spirituelle Traditionen aus unterschiedlichen Kulturkreisen lehren uns, dass die Befreiung im gegenwärtigen Moment liegt. Sehr deutlich hat dies in unserer
Zeit Eckhart Tolle in seinem Buch *Jetzt! Die Kraft der Gegenwart* und in seinen Vorträgen formuliert. Nach Eckhart
Tolle ist die Menschheit verrückt. Es reiche, sich den Wahnsinn der Weltkriege und Genozide im Dienste der Ideolo-
gien und Diktaturen des 20. Jahrhunderts anzusehen, um
dies zu verstehen. Dieser Wahnsinn hat nunmehr einen Reifegrad erreicht, der den Zusammenbruch der „Ego-basier-
ten Strukturen" zur Folge haben muss. Eine Struktur dieser
Art war zum Beispiel der Kommunismus in Osteuropa, der,
eben noch als unüberwindlich stark gefürchtet, im nächsten
geschichtlichen Augenblick zu Staub zerfiel. Strukturen dieser Art finden sich überall und sie finden sich auch in uns. Sie
sind zum Zusammenbruch verurteilt, da sie auf nichts anderem basieren als auf Wahn und Angst. Es gibt sie eigentlich
nicht, sie sind gedankliche Konstruktionen. Als solche sind
sie labil und sie wissen sehr genau um ihre Labilität. Daher
rührt das Gefühl der Bedrohung, der permanenten, leisen
aber unvermeidlichen Grundangst, daher die latente Unzufriedenheit und weitgehende Unfähigkeit, glücklich zu sein.
Es ist das Ego in uns, das diese Gefühle durch falsche Gedanken generiert. Da dieses Ego, wie alles was lebt, bestehen
und sich erhalten will, fühlt es sich permanent bedroht, weil
es weiß, dass es nichts als eine Wahnidee ist und keine Substanz hat.

Eckhart Tolle gilt als erwacht, als ein Erleuchteter. Er hat
Angst und Leiden überwunden und ist zur Befreiung gelangt, die darin besteht, dass er dauerhaft und ausschließ-

lich im gegenwärtigen Moment lebt. Sein Geist kann Vergangenheit und Zukunft als Instrumente zu Hilfe nehmen, um etwas zu planen oder zu erinnern; aber Vergangenheit und Zukunft sind eben nicht mehr für ihn als gedankliche Instrumente, die kurz einem Zweck zu dienen haben, bevor sie wieder zur Seite gelegt werden, weil sie nicht wirklich relevant sind. Wir Unerleuchteten nehmen Vergangenheit und Zukunft dagegen viel zu wichtig, weil wir unsere unkontrolliert ablaufenden Gedanken zu wichtig nehmen. Diese Gedanken, oder wie Tolle sagt, der „Denker in uns", bestehen vollständig und allein aus Erfahrungen aus der Vergangenheit und Absichten für die Zukunft.

Einen Ausweg daraus bietet nur das Jetzt – und bewusstes Gehen ist eine wunderbare Möglichkeit, dieses Jetzt im Alltag, das heißt, jederzeit und überall zu erschließen und zu „erreichen" (in Wahrheit gibt es nichts zu erreichen, denn wir leben immer im Jetzt aber wir müssen uns dessen erst bewusst werden).

Gehmeditation ist eine große Hilfe, denn sie ist

- einfach und überall umsetzbar
- nicht notwendigerweise spirituell
- äußerst wirkungsvoll.

Warum ist Gehmeditation einfach? Weil es nichts zu lernen gibt. Wir *können* bereits gehen, wir tun es jeden Tag. Auch können wir unseren Geist auf etwas ausrichten, uns konzentrieren, wann immer dies erforderlich ist, wie zum Beispiel beim Autofahren oder wenn wir im Internet einen Flug buchen. Es geht also nur um die Verbindung zweier Tätigkeiten, die wir bereits beherrschen: das Gehen und das Sich-konzentrieren. Das Haupthindernis ist nicht das, was wir zu erlernen haben, sondern unsere Gewohnheit, die eine Gewohnheit des unbewussten Lebens und des unbewussten Gehens ist. Es geht also mehr darum, etwas zu verlernen, als etwas zu erlernen. Wir gehen unsere täglichen Wege mit zahllosen unkontrollierten Gedanken im Kopf und dieser Automatismus ist so eingeschliffen, dass er nicht so ohne Weiteres verschwinden wird. Wir haben jedoch die Chance, einen neuen Automatismus einzuschleifen, der lauten kann: Ich gehe, also gehe ich. Ich gehe, also lasse ich mich nicht von unbewussten und unkontrollierten Gedanken beherr-schen. Ich gehe – und ich weiß, dass ich gehe. Ich gehe – also bin ich.

Warum ist Gehmeditation nicht unbedingt spirituell? Weil die – zumeist buddhistischen – spirituellen Traditionen, die Gehmeditation lehren, nur Hilfsmittel sind, auf die wir in dem Maße zurückgreifen können, das uns angemessen ist. Buddha selbst hat seine Lehre als ein Floß bezeichnet, mit dem man zum anderen Ufer – das heißt zur Bewusstheit im Jetzt – gelangt. Aber man mache sich lächerlich, wenn man an jenem anderen Ufer weiter mit dem Floß auf dem Rücken umhergehen wolle. Spiritualität ist etwas sehr Per-sönliches und abhängig von unserem Charakter, unserer Fa-milie, unserem kulturellen Umfeld und unserer individuel-len und kollektiven Geschichte. Es ist nicht notwendig, sich ein neues spirituelles Mäntelchen umzuhängen, um in den gegenwärtigen Moment zu kommen. Es gibt viele Techni-ken aus verschiedenen Traditionen und Kulturräumen, die uns dies ermöglichen: Ob wir das Ding autogenes Training,

Yoga, Meditation, achtsamkeitsbasierte Stressreduzierung, Tai Chi oder Atemtraining nennen – im Kern geht es immer darum, unsere Konzentration auf den Körper zu richten, um uns abzukoppeln von dem „Denker in uns", der durch permanentes Abspulen der immer gleichen Gedankenfetzen eine Illusion der Welt um uns herum und eine Illusion von uns selbst erschafft. Die Ausrichtung der Gedanken auf unseren Körper und seine Empfindungen und Wahrnehmungen hilft uns, den gegenwärtigen Moment, das Jetzt zu erleben, ohne es gedanklich zu untersuchen, zu beurteilen, zu vergleichen und schließlich – Gipfel des Wahnsinns! – abzulehnen. Stattdessen akzeptieren wir das, was ist, wo immer wir sind, und entdecken so die Wunder des Seins. Wir entdecken die Schönheit eines Autobahnparkplatzes, den Frieden einer Wartehalle, wir fühlen die Dankbarkeit, gesund und ohne akute körperliche Beschwerden in der Schlange an der Supermarktkasse zu stehen. Dies ist nichts Spirituelles an sich, es muss nicht mit Religion in Verbindung gebracht werden. Es ist Befreiung. Es ist Freiheit. Freiheit ist nicht spirituell, innere Freiheit ist unser Recht und unser Naturzustand. Ob wir diesen Naturzustand der inneren Freiheit als gottgegebenes Geschenk betrachten wollen, bleibt uns überlassen und ist letztlich irrelevant. Wir müssen es nur tun, denn es gibt keine Alternativen: Freiheit ist nur im Jetzt zu finden.

Bewusstes Gehen, meditatives Gehen ist äußerst wirkungsvoll. Hierzu gibt es nicht viel mehr zu sagen. Wie soll ich Ihnen mittels Druckerschwärze auf Papier nachweisen, dass bewusstes Gehen wirkungsvoll ist, um glücklich zu werden? Das wäre – um ein berühmtes Beispiel zu verwenden – als ob ich Ihnen den Geschmack von Apfelsaft beschreiben wollte, obgleich Sie nie Apfelsaft getrunken haben: ein müßiges und sinnloses Unterfangen. Es gibt nur eine Möglichkeit: Probieren Sie es aus! Stehen Sie auf, da wo Sie jetzt sind, egal wo, und gehen Sie ein paar Schritte in normalem Tempo und auf normale Weise. Und fühlen Sie den Kontakt der Füße mit dem Boden, das Aufsetzen des Fußes, das Abrollen, die Gewichtsverlagerung, das erneute Abstrecken und Anheben. Fühlen Sie nur dies und kehren Sie konsequent und liebevoll zu diesem Fühlen zurück, wann immer sich ein Gedanke einschleicht. Das ist alles. Wenn Sie wollen, können Sie die Lektüre dieses Buches hier beenden. Viel mehr gibt es nicht zu sagen. Was jetzt noch kommt, ist Ergänzung, zusätzliche Erläuterung, Ausschmückung. Unser Verstand hasst es, wenn die Dinge zu einfach sind. Unser Verstand liebt Probleme und Schwierigkeiten, denn Probleme sind sein Lebenselixier. Wann immer wir uns bewusst werden, dass unsere Probleme nicht so wichtig sind, oder gar, dass sie keine sind, fühlen unser Verstand und unser Ego sich existenziell bedroht. Und zurecht – denn mit dieser Erkenntnis beginnen wir, die Allmacht des Verstandes, des gedanklichen Egos zu zerbrechen. Die weiteren Erläuterungen in diesem Buch können also dazu dienen, diese Ablösung vom gedanklichen Ego etwas sanfter zu gestalten, sie schrittweise zu vollziehen. Wir liefern dem Verstand noch etwas Nahrung für seine Sucht nach Problemen und Schwierigkeiten und nutzen dabei die Gelegenheit, einige praktische Aspekte zu betrachten, wie zum Beispiel:

- Wo kann ich Gehmeditation am besten betreiben?

- Worauf sollte ich dabei achten?

- Wie lange sollte sie dauern?

10

- Geht es darum, nicht mehr zu denken?
- Wie verhalte ich mich den Mitmenschen gegenüber, die mich bei der Gehmeditation sehen?
- Gibt es verschiedene Arten der Gehmeditation?
- Wie kann ich Gehmeditation in meinen Alltag integrieren und mir zur Gewohnheit machen?

Da der Reifegrad des wahnhaften Denkens so hoch ist, dass unser gedankliches Ego in uns und die auf dem Ego basierenden Strukturen um uns herum dem Zusammenbruch nahe sind, ist es nach Eckhart Tolle heute nicht mehr nötig, sich zehn Jahre in ein Zen-Kloster zu setzen, um die Befreiung im Hier und Jetzt zu erreichen. Meine persönliche Erfahrung ist in diesem Punkt etwas anders. Ich würde Ihnen vom Zenkloster keineswegs abraten und vielleicht schließt Eckhart Tolle, der ein sogenannter „Zufallserleuchteter" oder „Spontanerleuchteter" ist, hier zu sehr von sich auf andere (auch Erleuchtete können irren!). Wahr aber ist, dass uns das Jetzt immer und überall zur Verfügung steht. Nur unsere unaufhörlich ablaufenden unkontrollierten Gedanken trennen uns von der Wahrnehmung des gegenwärtigen Momentes, vom Erleben des Jetzt, vom Leben an sich. Wir sollten aufhören, ein wahnhaftes Leben im Gefängnis unserer automatisierten Gedankenströme und Gewohnheiten zu führen. Und wir können jetzt und hier damit aufhören. Das Gehen ist eine wunderbare Chance dafür, denn es ist – für die meisten von uns – alltäglich und allgegenwärtig. Eine alltägliche und allgegenwärtige Chance also, das Jetzt zu fühlen, wann immer wir gehen. Probieren Sie es! Gehen Sie in die Freiheit.

1 • Grundsätzliches und Praktisches

Anfang und Ende, Zeit und Dauer

Meditation soll unseren Geist beruhigen und konzentrieren. Der beruhigte und gesammelte Geist kann dann in einem weiteren Schritt Einsicht in die wahre Natur der Dinge erlangen: keine rein gedankliche Einsicht, sondern eine Ein*sicht* durch Ein*heit* mit den Dingen, durch Überwindung der Illusion einer Trennung zwischen mir und meiner Umwelt. Diese Art der Beruhigung, Sammlung und Einsicht ist für unseren Geist anfangs jedoch ungewohnt. Daher sollten wir ihn liebevoll ein wenig trainieren, genau wie einen Muskel, der bisher wenig beansprucht wurde und von dem wir uns nun mehr erhoffen, weil wir ein bestimmtes Ziel erreichen möchten.

Dieses Training verlangt nach etwas Disziplin. Deshalb sollte unsere Gehmeditation möglichst einen genau definierten Anfang und ein ebenso genau festgelegtes Ende haben. Verlangen Sie nicht zu viel von sich, aber halten Sie durch, was Sie sich vornehmen. Dies können fünf oder nur drei Minuten sein, in denen Sie in Ihrer Wohnung, Ihrem Garten, in einem Park oder an jedem anderen geeigneten Ort langsam auf und ab gehen und Ihre Konzentration auf die Schritte und auf das Gehen selbst lenken. Sie können diese Zeit beliebig ausdehnen. Ich habe gute Erfahrungen mit zwanzig bis dreißig Minuten gemacht; dies ist auch die Zeit, die normalerweise in Meditationszentren für Gehmeditationen vorgesehen ist. Länger als dreißig Minuten dürften für den ungeübten Geist mühsam werden und zu viel Mühe verträgt sich nicht mit unserer Absicht, die Schönheit des Jetzt mit Lust und Freude zu entdecken.

Normalerweise haben viele von uns heute ein Mobiltelefon in der Tasche, dessen Weckfunktion uns erlaubt, unsere festgelegte Zeit einzustellen und durchzuhalten, ohne auf die Armbanduhr zu schauen.

Es ist hilfreich, die vorher festgelegte Zeit diszipliniert einzuhalten, weil wir uns hiermit die Möglichkeit geben, einen Kernaspekt der Meditation zu nutzen: die Beobachtung unseres Geistes bei Widerwillen und Unlust. Wenn wir zum Beispiel zwanzig Minuten bewusst gehen wollen und diese Zeit in der Weckfunktion unseres Handys einstellen, dann kann es geschehen, dass es nach fünf Minuten zu regnen beginnt. Nichts sollte uns davon abhalten, auch während der Meditation die Kapuze über den Kopf zu ziehen oder den Schirm aufzuspannen, denn unnötige Schwierigkeiten sind nicht hilfreich, da das Leben schon genug unumgängliche Schwierigkeiten bietet. Vielleicht ist jedoch kein Schirm zur Hand oder er ist es, aber wir verlieren trotzdem die Lust am bewussten Gehen und möchten es beenden. Dies ist die normale Reaktion: eine unangenehme Erfahrung – beenden! Das Unangenehme beseitigen! Wir wollen frei werden vom Unangenehmen, um ein Glück zu erreichen, das unser Verstand in einem Zustand ohne Unannehmlichkeiten vermutet. Dies hat Buddha als zutiefst leidhaft erkannt und er hat uns mitgeteilt: Ihr leidet *nie* am Regen, ihr leidet *immer* an eurer Reaktion auf den Regen.

Geben Sie sich daher die Chance, sich Ihre innere Reaktion auf den Regen liebevoll und geduldig anzusehen, ohne zu urteilen. Mein Lehrer Marcel Geisser empfiehlt hierzu, sich klarzumachen, dass der Regen „nur" unangenehm ist. Er ist nicht bedrohlich, nicht wirklich problematisch, hat keine dauerhaft negative Auswirkung, zerstört nichts. Er ist „nur" unangenehm, nicht mehr. Dieses „nur" ist ein kleines Wörtchen, das wir nicht unterschätzen sollten. Es allein kann der Schlüssel zur Befreiung sein. Wie viele Menschen verbittern und verhärten innerlich, weil sie über viele Jahre den täglichen Widerständen und Schwierigkeiten des Lebens dieses „nur" nicht hinzufügen können? Doch die Widerstände und Schwierigkeiten des Lebens sind zahlreich und unaufhörlich. Sie werden sich nie von ihnen befreien, auch nicht durch einen Lottogewinn oder in der Karibik unter Palmen, denn auch dort werden Sie gelegentlich an Durchfall leiden. Die Lösung kann nicht darin bestehen, das Unangenehme zu beseitigen oder zu umgehen. Der Schlüssel zur Befreiung liegt ausschließlich in unserem Geist, in unserer Reaktion auf die Widrigkeiten des Lebens.

Anfang und Ende unserer meditativen Wege müssen nicht immer mit der Uhr festgelegt werden. Wir können uns dafür entscheiden, bestimmte tägliche Wege, zum Beispiel vom Haus zur Bushaltestelle oder vom Parkplatz bis zur Eingangstür der Firma, bewusst zu gehen. Auch diese wenigen Schritte, die nur ein paar Minuten oder Sekunden ausmachen, sind eine wunderbare Chance, Kontakt aufzunehmen zum Gewicht der Tasche in der Hand, zum Wind auf der Gesichtshaut, zum federnden Kontakt der Gummisohlen auf dem Asphalt. Es entsteht so ein Spalt im Gedankenfluss, ein Zwischenraum, der den Blick freigibt auf die Realität.

Geisteshaltung

In der Gehmeditation wird unser Geist, wie in anderen Meditationen auch, zunächst „verengt", indem wir ihn auf etwas konzentrieren, und gleichzeitig wird er „erweitert", weil wir nichts mehr abwehren, sondern alle Eindrücke und Reaktionen zulassen und beobachten. Dies mag kompliziert klingen – ist aber in der Praxis nicht schwierig und allein eine Frage der Übung.

Normalerweise ist unser Geist mithilfe der Sinne permanent auf der Suche. Wohin wir auch kommen, wir drehen den Kopf, schauen uns um, betrachten und beschnuppern alles und vergleichen die Eindrücke mit vorherigen Erfahrungen. Wo könnte Gefahr und Negatives lauern? Was gibt es hier Schönes zu ergattern? Dies ist der verstandesgesteuerte Geist, der von drei Aspekten bestimmt wird: der Suche nach Gutem, der Abwehr von Schlechtem und dem Vergleich mit Vergangenem. Dieser Geist ist Leiden pur. Er leidet an dem Schönen, denn entweder bedauert er, dass er es nicht hat, oder er befürchtet, das Schöne zu verlieren, wenn er es hat. Er leidet am Schlechten, denn er befürchtet, dass er es bekommt, oder er will das Schlechte loswerden, wenn er es hat. Der Vergleich mit vergangenen Erfahrungen schließlich, der die einzige Möglichkeit ist, die unser Verstand kennt, macht es unmöglich, eine neue und kreative Lösung zu finden. Dieser Geist kann nur Vergangenes wiederholen. Er steckt in einer Sackgasse des Leidens.

In der Meditation verhält sich unser Geist radikal anders. Er öffnet sich, indem er sich verengt. Er weitet sich, indem er sich konzentriert. Er wird frei, weil er sich diszipliniert.

Dies ist nicht ferne Zukunftsmusik. Dies ist die Übung, von Beginn an, auch bei den ersten Meditationsversuchen.

Es ist ganz einfach: Gehen Sie langsam und natürlich. Richten Sie Ihre Aufmerksamkeit nur auf das Gehen selbst, auf den Kontakt der Füße mit den Schuhen und dem Boden, auf die Beschaffenheit des Bodens, auf die Bewegung der Beine. Betrachten Sie dies alles mit freundlicher Aufmerksamkeit. Beachten Sie auch Ihre Atembewegungen, die Sie zum Beispiel am Bauch, an der Nase oder im Hals spüren. Der Atem und Ihr Körper, die Eindrücke Ihrer Sinne und die Gefühle und Gedanken, die kommen und gehen, denen Sie jedoch nicht nachspüren, die Sie nicht festhalten und jeweils sofort wieder in die Freiheit entlassen, sobald sie auftauchen: Das sind die Objekte Ihrer Aufmerksamkeit. Das ist die „Verengung", die sofort zu einer wunderbaren „Öffnung" und „Erweiterung" wird, weil wir nichts aussperren, nichts abwehren, alles zulassen, obwohl wir es nicht nachverfolgen.

Sie werden sehen: Obwohl wir den Kopf nicht wenden, obwohl wir nicht suchen und nichts erobern wollen, hören wir doch das Gezwitscher der Vögel, als wäre es das erste Mal. Wir spüren den Wind auf der Haut wie vielleicht noch nie zuvor. Wir hören ein Insekt, das uns umschwirrt und wegfliegt, sehen die Bewegung der Äste und Blätter in den Bäumen, hören Kinder rufen und sehen das Spiel von Licht und Schatten auf dem Boden – dies alles mit unbekannter Intensität und in einem friedlichen Einklang, der wahr und authentisch ist. Dies ist das Jetzt, dies ist die Realität. Weil wir nichts suchen, können wir finden. Weil wir nichts abwehren, müssen wir nichts befürchten. Weil wir nicht allein auf vergangene Erfahrungen zurückgreifen, sondern uns im Jetzt bewegen, können wir Neues erleben. Und es wird immer wieder neu sein und bleiben!

Wir sollten also auch in unserer Geisteshaltung ein Minimum an Disziplin aufbringen: Wir halten den Blick gerade nach vorn gerichtet, ohne dabei zu erstarren. Wir versuchen nicht abzuschweifen und uns umzudrehen, sobald wir etwas hören, das uns neugierig macht. Wir bleiben bei unserer Gehgeschwindigkeit und unserer gewählten Strecke für die gesamte Dauer unseres bewussten Weges. Es ist ein wunderbares Geheimnis, dass menschliche Freiheit viel mit den Grenzen zu tun hat, die wir uns selbst setzen – wenn wir dies in Freiheit und mit Freude im Herzen tun.

Geschwindigkeit

Wie wir im folgenden Kapitel sehen werden, gibt es mehrere Arten der Gehmeditation mit verschiedenen Geschwindigkeiten. Entscheidend ist aber nicht der Grad an Langsamkeit selbst, sondern der Geist, den wir mit bestimmten Bewegungen erzeugen.

Körper und Geist bilden eine Einheit. Es ist unmöglich, einen entspannten und ruhigen Geist beizubehalten, wenn die Bewegungen unseres Körpers eilig oder hektisch werden. Eile und Hektik sind jedoch nicht an sich schlecht. Sie sind auch Teil des Lebens. Es ist gut, wenn wir Eile und Hektik so weit wie möglich vermeiden, ganz wird dies aber kaum möglich sein.

Uns geht es in der Meditation nicht um die Vermeidung von Hektik an sich. Die Langsamkeit der Gehbewegung ist kein Selbstzweck. Wir haben die Chance, die Auswirkung zu sehen, welche die Bewegungen unseres Körpers auf unseren Geist haben – das ist es, was uns interessiert.

Wenn ich einen Zug noch erreichen möchte und die Zeit knapp ist, dann ist es schlicht Unsinn, mich zu irgendeiner meditativen Langsamkeit zu zwingen. Ich muss aber, während ich eilig zum Bahnhof gehe und meinen Koffer hinter mir her über den Gehsteig ziehe, auch nicht vollständig ins Vergessen und in die Unbewusstheit abgleiten, ich muss nicht zwingend nervös, ungeduldig oder sogar aggressiv werden. Ich kann das Geräusch des rollenden Koffers hören, wenn er die Bordsteinkanten herauf und hinunter hüpft, kann sein Gewicht am Griff fühlen, kann den Klang meiner raschen Schritte hören, die Wärme meines beschleunigten Atems wahrnehmen und wissen: In mir ist jetzt ein eiliger, hektischer Geist. Ich muss mich jedoch nicht in diesen Geist verwandeln. Ich muss nicht unter seine Kontrolle gelangen. Ich weiß nicht, ob wir dies noch Meditation nennen sollten, aber das ist völlig unerheblich.

Wenn wir über einen Friedhof oder durch eine Kathedrale gehen, dann verlangsamen wir unseren Schritt. Dies mag eine Anpassung an die würdevolle Umgebung sein. Es ist aber auch – bewusst oder unbewusst – der Wunsch, durch unsere Bewegungen in eine Stimmung zu kommen, die uns einen Zugang zu dem ermöglicht, was wir dort erleben.

Da unser Körper nicht von unserem Geist getrennt ist, erzeugen unsere Haltung und unsere Bewegungen immer einen bestimmten Geist. Dies können wir für uns nutzen und beispielsweise beobachten, welche Auswirkung eine bestimmte Geschwindigkeit des Ganges auf unseren Geist hat. Wir sollten also nicht zwanghaft langsam sein, wir können normal oder sogar rasch gehen. Wichtig ist, dass wir in Kontakt mit uns, mit den Empfindungen der Sinne und unserer Umwelt bleiben. Dann werden wir uns nicht im Dunkel der Unbewusstheit verlieren.

Koordination mit dem Atem

Der Atem ist mein bester Freund. Warum? Weil ein bester Freund immer da ist, wenn man ihn braucht. Der beste Freund stellt nicht lange Fragen, er bewertet und beurteilt nicht endlos mein Handeln, bevor er hilft. Er ist einfach da, wenn ich Hilfe brauche, und ich vertraue mich ihm an, wenn ich nicht mehr weiter weiß.

Mein Atem bietet mir in jeder Situation meines Lebens – egal wo und egal wann – die Chance, meine Aufmerksamkeit auf ihn zu richten und mich frei zu machen vom unkontrollierten Gedankenstrom, vom ewig laufenden Radio im Kopf, von der dadurch erzeugten Sucht nach Urteil und Bewertung, von der krankhaften Suche nach Vorteilen und der automatisierten Abwehr von vermeintlich Negativem. Der Atem scheint mir zu sagen: Beschäftige dich nicht weiter mit dem immer gleichen Gedankenstrom, beschäftige dich mit mir.

Wenn wir bewusst gehen, sollten wir immer auch Kontakt zu unserem Atem aufnehmen. Wir bewerten ihn nicht als gut oder weniger gut, wir analysieren ihn nicht, vergleichen ihn nicht mit dem Atem von gestern und wir verändern ihn nicht – wir nehmen ihn nur wahr: zum Beispiel in der Bewegung des Bauches und der Schultern, an der Nase, im Mund, im Hals, in der Luftröhre und an anderen Punkten des Körpers. Einige Formen der Gehmeditation sind direkt mit dem Atem verbunden, indem wir unsere Schritte am Rhythmus der Ein- und Ausatmung ausrichten; andere Formen gehen freier damit um (siehe folgendes Kapitel). Wir sollten beim meditativen Gehen jedoch immer diesen Kontakt zum Atem schaffen und beibehalten.

Wenn unser Geist im Kontakt mit dem Atem ist, dann ist die Einheit von Körper und Geist wieder spürbar, die wir häufig vergessen. Unser Verstand scheint sich manchmal vom Körper unabhängig zu machen. Wir können so sehr von unserer Verstandesaktivität vereinnahmt werden, dass wir Grundbedürfnisse des Körpers zurückstellen oder sogar vergessen. Geschieht dies vorübergehend, weil wir eine dringende Arbeit beenden wollen, so ist es nicht problematisch. Manchmal aber „vergessen" wir unseren Körper, weil uns der Unsinn beherrscht, der unkontrolliert durch unser Gehirn strömt, weil wir „in Gedanken versunken" sind und dabei unterschätzen, dass diese unwillkürlichen Gedanken permanent unsere Gefühle und somit unsere Grundstimmung erschaffen. Sie erschaffen sogar unser Selbstbild, unser „Ego", und wir glauben dann, dass wir das sind! Wir überlassen also die Macht über uns einem unkontrollierten Strom aus ewig gleichen Gedankenfetzen, die vielfach nicht einmal unsere eigenen sind, weil wir sie ungewollt von den Eltern oder anderen Menschen übernommen haben.

Der Atem ist ein sehr gutmütiger und unendlich geduldiger Begleiter, der alles miterlebt, was wir tun, nichts davon beurteilt und uns immer freundlich und unaufdringlich anbietet, den anderen Weg zu gehen: den Weg in die Bewusstheit, den Weg in die Freiheit von der Diktatur durch den unkontrollierten Gedankenstrom.

Wetter und Kleidung

Gehmeditation ist nicht Spazierengehen. Ich gehe spazieren, wenn ich Lust dazu habe, das heißt, wenn bestimmte Bedingungen gegeben sind, wie schönes Wetter, Lust mich zu bewegen, das Bedürfnis nach frischer Luft oder der Wunsch, einen bestimmten Ort zu besuchen oder ein bestimmtes Tal zu durchwandern.

Gehmeditation ist Geistestraining, also eine meditative Übung, die mir ermöglicht, das Jetzt zu erleben, mich zu konzentrieren und Einsicht in die Natur der Dinge zu bekommen. Dies bedeutet, dass nicht meine momentane Lust oder aktuelle Bedingungen bestimmend sind, sondern meine grundsätzliche Entscheidung, meinen Geist auf diese Weise zu trainieren.

Ich habe zum Beispiel das Ritual des „monastischen Samstagvormittags". Nach dem Frühstück (bei dem ich nicht in die Online-Tageszeitungen schaue, was ich an Werktagen gewöhnlich tue und was mir nicht bekommt) mache ich zu-

nächst eine Stunde Sitz- und Gehmeditation im Meditationsraum meines Hauses. Dann gehe ich an den nahe gelegenen
Waldrand an eine wenig romantische, aber geeignete Stelle
direkt neben einem Betonbau, einer Außenstelle des Was-
serwerkes, wo ich eine halbe Stunde langsame Vipassana-
Gehmeditation mache, wobei ich das im folgenden Absatz
erwähnte kleine Informationsschild auf dem dortigen Wan-
derweg aufstelle. Danach gehe ich meistens noch zu einer
der Bänke, die in der Nähe eine schöne Aussicht auf den See
bieten, um dort noch ein paar Minuten im Kontakt mit dem
Atem zu sitzen und den gegenwärtigen Moment zu spüren
und zu genießen. Anschließend kehre ich nach Hause zurück
und lese mit diesem nun beruhigten und gesammelten Geist
bis zum Mittag im Alten Testament oder den Lehrreden von
Buddha, den Sutras. Dieser Ablauf mag sich intensiv und
angestrengt anhören, für mich ist er mit den Jahren jedoch
zur puren Entspannung geworden, er kostet mich wenig
Anstrengung. Wichtig aber ist: Er hängt nicht vom Wetter
oder von meiner momentanen Lust ab. Ich weiß, dass dieser
Vormittag mir guttut. Ich weiß, dass ich diesen Vormittag so
will – auch wenn es sich direkt nach dem Aufstehen nicht
immer so anfühlt und Wind und Nieselregen nicht dazu ein-
laden. Nicht selten gaukelt der Verstand uns Vorlieben vor,
die wir gar nicht haben. Es lohnt sich, einfach auszuprobieren, was wir tief in uns wirklich wollen, und dies mit einer
gewissen – aber nicht übertriebenen – Konsequenz zu tun.

Gehmediation ist bei Regen, Wind und Schnee möglich, ist
immer zu empfehlen und sollte bei jedem Wetter und bei
jeder Tages- oder Nachtzeit ausprobiert werden. Die Kleidung sollte einfach dem Wetter entsprechen. Grundsätzlich

ist es empfehlenswert, keine Taschen oder Rucksäcke dabei zu tragen, um die konzentrierte Bewegung nicht zu erschweren. Bequeme Schuhe sind hilfreich. Das Handy wird aus- oder leise gestellt, die Weckfunktion auf die Minuten eingestellt, die ich für meine Gehmeditation festgelegt habe.

Orte, an denen ich meditativ gegangen bin, prägen sich ungewöhnlich deutlich im Gedächtnis ein. Ich erinnere mich an einen menschenleeren Strand in Irland, tief verschneite nächtliche Wege im Bayerischen Wald, an überfüllte Strände im Hochsommer in Italien, an meinen alten Schulhof im Rheinland in der herbstlichen Abenddämmerung, einen sonnenheißen Autobahnparkplatz zwischen Verona und Mailand, einen Wald am Frankfurter Flughafen, ein Wäldchen in Caprino am Luganer See, ein Krankenhaus in Duisburg, an Museen, Ämter, Supermärkte, Bahnsteige, Schulhöfe, Wegstrecken auf den Bürgersteigen verschiedener Städte und an viele andere Orte. Ich habe diese Orte nicht „gewählt", sie waren einfach dort, weil ich dort war. Ich habe diese Situationen nicht gewählt, in kaum einer waren Wetter, Temperatur, Tageslicht etc. optimal oder wunschgemäß. Ich habe in jeder dieser Situationen entschieden, dass ich meinen Geist durch Gehen beruhigen und konzentrieren wollte. Das war die Entscheidung. Es waren keine Spaziergänge. Die mache ich, wenn ich Lust dazu habe.

Gesehen werden oder nicht gesehen werden

Für das Gehen gibt es zwei grundsätzlich verschiedene Situationen: die „private" Gehmeditation in einem nicht einsehbaren Garten oder einem Praxiszentrum und die „öffentliche" Gehmeditation in einem Park, auf einem wenig befahrenen Parkplatz oder auch in der Abflughalle eines Flughafens, wo sich unzählige Personen um uns herum bewegen.

Die „private" Situation schützt uns und schafft Geborgenheit. Wir müssen nicht befürchten, dass man uns neugierig betrachtet und wegen unserer meist langsamen und sonderbar konzentrierten Bewegungen irgendwie beurteilt oder anspricht. Dieser Schutz ist besonders zu Beginn wünschenswert und hilfreich, doch er ist nicht immer möglich. Nicht alle haben einen Garten. Ich habe keinen – und ich mache täglich Gehmeditation an öffentlichen Orten.

Hierbei gibt es nach meiner Erfahrung zwei Möglichkeiten: Entweder wir nehmen in Kauf, dass man uns beobachtet, oder wir machen irgendwie klar, was wir dort treiben. Da wir aber nicht während der Meditation mit eventuellen Betrachtern sprechen wollen, kann es sich empfehlen, ein kleines Papierschild aufzustellen. Ich mache dies an einer Stelle am Waldrand in der Nähe meines Hauses. Der Weg dort ist wenig frequentiert. Während einer halben Stunde Gehmeditation werden dort normalerweise höchstens ein- oder zweimal Spaziergänger vorbeikommen. Diese Leute, die selbst Erholung und Entspannung in der Natur suchen und deren Geist von meinem also nicht völlig verschieden ist, sehen dann ein Papierschild mit der Aufschrift: „Gehmeditation. Eine 2600 Jahre alte buddhistische Praxis des Friedens und der bewussten Bewegung. Bitte den Meditierenden nicht ansprechen. Ich wünsche einen schönen Spaziergang." Wer möchte, kann noch seine email-Adresse darunter setzen, um etwaigen Interessierten den persönlichen Kontakt zu ermöglichen, oder auf die Webseite www.gehmeditation.ch hinweisen, die von mir betrieben wird. Es empfiehlt sich außerdem die Verwendung einer DIN-A4-Dokumententasche aus Plastik, damit unser Schildchen auch etwas Regen übersteht.

Diese Form der öffentlichen Erläuterung wird nicht jedem gefallen. Wir sollten uns aber fragen, was wir zu verbergen haben. Menschen, die meditative Bewegungen in Form von Tai Chi auf einer Wiese im Park ausführen, gehören seit langem zum Stadtbild. Und sind Jogger, Nordic Walker oder Mountainbiker „normaler" als wir? Es ist eine Frage der Gewöhnung, sowohl für den Betrachter als auch für den Betrachteten. Öffentliche Gehmeditationen sind heute noch etwas Ungewohntes, das aber soll sich ändern! Schämen Sie sich nicht und verstecken Sie sich nicht, doch belasten Sie sich auch nicht mehr als nötig. Uns geht es allein um unseren Geist, den wir liebevoll beobachten wollen. Für mich ist es zum Beispiel hilfreich zu beobachten, wie mein Geist jedes Mal reagiert, wenn ich im Augenwinkel sehe, dass ich „angegafft" werde. Diese Reaktion in mir ist sehr veränderlich, sie kann positiver oder negativer ausfallen und von echter Nervosität und einem Gefühl massiver Störung bis hin zu liebevoller Anteilnahme an dem verständlichen Interesse der Menschen reichen. Deshalb nehme ich mir nicht diese Möglichkeit, meine innere Reaktion zu beobachten. Sollten Sie allerdings herausfinden, dass dies für Sie auch nach einiger Zeit nicht hilfreich ist, dass ihr Geist sich nicht frei machen kann von Gedanken wie „Was denken die wohl von mir?" oder Gefühlen des Unwohlseins, dann lassen Sie es und verlegen Sie Ihre Gehmeditationen in die eigene Wohnung oder in irgendeinen privaten und geschützten Bereich. Sie sind deshalb keine schlechteren Meditierenden. Jeder von uns hat einen anderen Geist und andere Erfordernisse.

Es geht auch ohne Schild. Die andere Möglichkeit ist die, dass wir unser Gehtempo, unsere Körpersprache und unser Verhalten so gestalten, dass wir nicht als „anders" auffallen. Das ist durchaus legitim und kein Problem. Langsames Gehen ist bis zu einem gewissen Grad zunächst unauffällig und wir sollten in der Öffentlichkeit durchaus und trotz aller Konzentration in Kontakt bleiben mit dem Leben um uns herum und mit den Menschen, die uns begegnen. Hierzu Näheres im Abschnitt „Blick und Gruß".

In der Frage: „Wie kann ich in der Öffentlichkeit Gehmeditation praktizieren?" liegt eine enorme Chance. Die spirituellen Meister und Mediationslehrer aller Traditionen und Epochen haben immer dazu aufgefordert, die Meditation ins Leben zu tragen, den meditativen Geist zu kultivieren *und* ihn praktisch zu leben. Gehmeditation auf unseren täglichen Wegen zur Arbeit, zum Einkauf und beim Spaziergang im Park ist eine wunderbare Gelegenheit, genau dies zu tun. Es ist unumgänglich, dass dies also im Kontakt mit anderen Menschen geschieht. Wir können nicht ewig hinter den Mauern der Meditationszentren und in unseren Privatgärten versteckt bleiben. Wir sollten es probieren, unsere – verständlichen – Hemmungen zur „Veröffentlichung" zu überwinden. Wenn es auch nach einigen Versuchen nicht gelingt, dann lassen wir es, aber nach einer gewissen Zeit sollten wir doch einen neuen Versuch starten. Es wird uns nicht gelingen, die Freiheit im Jetzt zu finden, wenn wir dieses Jetzt nur in die Privatsphäre verlegen, denn wir leben immer im Jetzt, aber nicht immer in einem geschützten privaten Bereich.

Blick und Gruß

Einer der Orte, an denen ich oft meditativ gehe, ist ein Park in der Nähe eines Bürohauses, in dem ich als Dolmetscher beruflich zu tun habe. Dieser Park liegt in der Startschneise eines Flughafens und in unmittelbarer Nähe von einigen Logistikzentren. Die Flugzeuge und Laster sorgen für die entsprechenden Geräusche und Gerüche. Wenn ich dort vor meinen Einsätzen oder in den Pausen Gehmeditation mache, dann tue ich dies in einer fast normalen Geschwindigkeit, gehe also nur leicht verlangsamt. Ich halte den Blick gerade nach vorn gerichtet und leicht gesenkt, sodass ich nicht nur den Boden, sondern auch alles Übrige im Blickfeld habe. Mir begegnen Rentner beim Morgenspaziergang, Mütter mit Kinderwagen, sportliche Radfahrer in neongreller Rennkleidung und Mitarbeiter der Stadtreinigung. Sie alle werden an mir nichts Auffälliges erkennen.

Ich stimme meine Schritte auf den Rhythmus meines Atems ab, spüre meine Atembewegungen und bin in Kontakt mit meinem Körper, vor allem mit meinen Füßen, der Berührung der Hose an den Beinen, den Muskeln, die sich an- und entspannen. Gedanken kommen und gehen, Gefühle entstehen, aber ich verfolge nichts davon und kehre immer wieder zu meinem Anker zurück, dem Atem und dem Körper. Mein Geist ist gesammelt und entspannt. Ich höre und sehe, fühle und rieche, nehme jeden dieser Impulse möglichst freundlich an und lasse ihn genauso freundlich los. Ich bin in dieser Welt, aber nicht von ihr.

Dieser Geisteszustand ist nicht verschlossen und abgesondert, er ist offen und frei. Ich sehe die Menschen, die mir begegnen, und nehme sie genauso an wie jeden anderen Sinnesimpuls: mit einer stabilen, würdigen und freundlichen Offenheit. Ich schaue ihnen kurz in die Augen, was bedeutet, dass sie das Halblächeln sehen, das von selbst entsteht, wenn die Gesichtsmuskeln sich entspannen, und ich grüße sie, wenn ein Moment der Aufmerksamkeit auch von ihrer Seite dies möglich macht.

Meditation sollte uns nicht von der Welt absondern, sondern uns der Welt öffnen. Klöster und Praxiszentren ermöglichen uns, in einem geschützten Raum zu üben, damit wir diese Übung ins Leben bringen. Der geschützte Raum ist von unschätzbarem Wert, ohne ihn würden wir nicht die Techniken entwickeln, nicht die Hilfsmittel kennenlernen und erproben können, die wir brauchen. Doch unser Leben findet nicht im Praxiszentrum statt. Es findet im Park statt und ich bin nicht getrennt von den Menschen, die mir begegnen. Vielleicht werde ich schon im nächsten Moment ihre Hilfe brauchen, vielleicht ist mein freundlicher Gruß die kleine Hilfe, die ein schwer depressiver Mensch braucht, um den Tag zu bestehen. Ich weiß es nicht. Ich weiß aber, dass jedes Gefühl der Trennung von den anderen eine gefährliche Illusion ist. Was braucht ein Mensch, der in der Lage ist, auf einer norwegischen Insel 69 Jugendliche zu erschießen? Er braucht ein Gefühl der totalen Trennung von diesen „anderen".

Es gibt andere Intensitäten der Meditation, die vollständige Konzentration erfordern und bei denen es nicht hilfreich ist, andere zu grüßen. Die langsame Vipassana-Gehmeditation, die im folgenden Kapitel erläutert wird, gehört dazu. Wann immer wir uns jedoch entscheiden, in der Öffentlichkeit in relativ normalem Tempo meditativ zu gehen, sollten wir uns den Menschen öffnen, die uns begegnen, sollten wir den Blick heben und zu einem freundlichen Gruß bereit sein. Wir sind weder besser noch sonderlich anders als diejenigen, die „nur" ihren Hund ausführen. Vielleicht sind sie alle voll ver-wirklichte Buddhas, die mir mit diesem scheinbar gewöhnlichen Verhalten nur helfen wollen, mein Ego zu überwinden und mich von der Illusion zu befreien. Wer weiß?

Äußere und innere Stille

Unser Verstand beschäftigt sich mit Phänomenen, mit dem, was in Erscheinung tritt, was wir mit den Sinnen wahrnehmen oder gedanklich konstruieren oder nachvollziehen können. Diese Erscheinungen und Gedanken nimmt der Verstand sehr ernst. Was aber ist mit dem Raum, in dem diese Erscheinungen er-scheinen, um bald wieder zu vergehen?

Wenn wir den Sternenhimmel betrachten, sind wir faszi-niert von der unzählbaren Menge der Sterne. Unser Verstand reicht genau bis hier – bis zum Gedanken der „(noch) nicht bekannten Zahl" der Sterne. Es gibt eine Zahl, es muss sie geben, aber sie ist halt unglaublich groß und unbekannt – so der Verstand. Was aber ist mit dem Raum? Es gibt einen Raum, in dem alle Sterne und Planeten entstehen, bestehen und vergehen, sodass wieder neue entstehen, bis auch diese vergehen. Dieser Raum ist unendlich. Er hat keinen Anfang und kein Ende, doch er scheint der Ursprung und das Ziel dieses ewigen Prozesses zu sein. Alle Phänomene entstehen in diesem Raum, scheinen aus ihm zu kommen, scheinen von ihm zu stammen und kehren zu ihm zurück, in einen unendlichen leeren Raum, in ein Nichts. Hier endet unser Verstand und er verstummt. Unendlichkeit kann er nicht denken. Und doch ist sie die eigentliche Essenz der Dinge. Denn die Dinge selbst haben kaum Gehalt, keine wirkliche Essenz, sie sind nur Teil eines Prozesses von Entstehen, Bestehen und Vergehen. Der Raum ist das Entscheidende. Der Raum, in dem der Prozess stattfindet, ist wahr und ewig, doch er ist leer. Unser Verstand ist sehr begrenzt. Er sieht nur die Oberfläche der vergänglichen Erscheinungen, nicht die Essenz, denn die ist leer und Leere irritiert unseren Verstand. Er weiß nicht, was das sein soll. Er kennt nur Phänomene und Gedanken.

So verhält es sich auch mit allem, was wir hören. Alle Klänge und Geräusche, auch alle Worte, jede Musik, jeder Ton, jeder Lärm entsteht, schwingt eine Weile und verklingt. Kein Klang, kein Geräusch, kein Wort hat Bestand. Sie sind kurz zu hören und verschwinden wieder in die Stille. Vor dem Klang war Stille. Auch während des Klanges ist Stille, nur kurz vom Klang überlagert. Und nach dem Klang ist wieder Stille. Der Klang ist nicht von Dauer, die Stille ist ewig. Der Klang an sich kann nicht unser Thema sein, wenn wir die wahre Natur der Dinge verstehen möchten. Es ist die Stille.

Jeder Ton kommt aus der Stille und kehrt zu ihr zurück. Stille ist die Sprache Gottes – alles andere ist eine schlechte Übersetzung. Der Verstand wird diese Sprache jedoch nie verstehen, denn sie hat keine Worte, kennt keine Gedanken (das ist das Problem jeder Form von „Theologie", denn kann es so etwas wie eine Wissenschaft von Gott geben?). Die Stille ist der leere Klangraum des Universums. Diese ewige Stille der Sprache Gottes muss ich aber nicht zwischen Venus und Jupiter suchen, sie ist in mir. Es ist die innere Stille meiner wahren Natur jenseits meiner momentanen und vergänglichen Erscheinung in diesem Körper und mit diesem Namen.

In der Meditation und beim meditativen Gehen nehmen wir deshalb Kontakt zu dieser Stille in uns auf. Es ist deshalb nicht primär notwendig, dass um mich herum Stille ist, damit ich meditativ gehen kann. Äußere Stille ist immer sehr hilfreich, keine Frage. Wir sollten die äußere Stille suchen und fördern, sie pflegen und kultivieren, sie zu einem Teil unseres Lebens machen. Aber mein Leben findet auch an vielen Orten und in vielen Situationen statt, in denen es laut zugeht. Auch dort kann ich meditativen Geist entwickeln und aufrechterhalten, kann im Kontakt bleiben mit meinem Atem, meinem Körper und den Klängen und Geräuschen, den Stimmen und dem Lärm, die dort zu hören sind.

Wie viel innere Stille kann ich spüren und nutzen, wenn ich stundenlang am Flughafen sitze und auf einen verspäteten Abflug warte, in der Sommerhitze ohne Klimaanlage inmitten ungeduldiger, schlecht gelaunter Menschen und schreiender Kinder? Auch in Situationen, in denen äußere

Stille nur ein Wunsch ist, eine ferne Kostbarkeit, momentan unmöglich und unerreichbar, auch oder gerade in diesen Situationen sollte es mir möglich sein, die innere Stille zu mobilisieren, die ich vorher kultiviert und gepflegt habe, auch durch Gehmeditationen, damit ich sie zur Hand habe, wenn ich sie brauche. Wir sollten in den einfachen Situationen unseres Lebens die Kräfte und Techniken entwickeln, die wir in den schwierigen Situationen brauchen. Es geht um so etwas wie ein spirituell-psychologisches „Spare in der Zeit, dann hast du in der Not". Und wir sollten nicht erst damit anfangen, wenn die Not da ist. Wir müssen früher damit beginnen.

Wie wär's mit jetzt?

2 • Wie können wir Gehmeditation praktizieren?

Gehmeditation wird in unterschiedlichen spirituellen Schulen sehr verschieden gelehrt und praktiziert. Die folgenden fünf Formen der Gehmeditation stellen keinen umfassenden oder gar wissenschaftlichen Überblick über die „offiziellen" Formen der Gehmeditation dar. Sie sind vor allem als Anregung gedacht, in bestimmten Situationen *verschiedene Geschwindigkeiten* auszuprobieren, um herauszufinden, welche Art Ihnen in welcher Situation am besten helfen kann, um Ihren Geist im Körper, beim Atem oder bei den Sinneseindrücken zu verankern und den gegenwärtigen Augenblick bewusst zu erleben.

Die hier beschriebenen Formen gehen zwar zum Teil auf Formen der Gehmeditationen zurück, die ich in Praxiszentren wie dem Haus Tao oder dem Intersein-Zentrum geübt habe (Formen 1-3), sie beschreiben aber vor allem fünf mögliche Geschwindigkeiten. Die Formen 4 und 5 werden so meines Wissens in Meditationszentren nicht gelehrt, können aber aufgrund ihrer „normalen" Geschwindigkeiten leicht eine sinnvolle Anwendung bei Tätigkeiten und Bewegungen finden, die wir im Alltag ohnehin ausführen. Diese beiden letzten Formen erfordern also keinerlei andersartige Bewegungsweise, sondern „nur" einen anderen Geist.

Sehr langsame Vipassana-Gehmeditation

Wir suchen uns einen geeigneten Ort der Stille und des Friedens und mit möglichst wenig Kontakt zu anderen Personen. An diesem Ort wählen wir uns eine festgelegte Strecke von mindestens drei bis maximal zehn Metern. Wir beginnen die Meditation, indem wir zunächst am Startpunkt bequem und gerade stehen. Im Stehen nehmen wir Kontakt zu unserem Atem und zu unseren Sinneswahrnehmungen auf. Wir erlauben uns, an dem Ort unserer Meditation anzukommen – und wir erlauben dem Ort, uns als Gäste anzunehmen. Wir können dabei kurz die Augen schließen und uns einige Sekunden der Pause und der Leere gönnen. Wenn wir uns verspannt fühlen, sollten wir unsere Glieder noch einmal recken und behutsam dehnen, denn die Bewegungen der nächsten zwanzig oder dreißig Minuten werden ziemlich schematisch ablaufen und uns nicht viel Spielraum bieten.

Dann stellen wir unsere Uhr oder unsere Weckfunktion im Handy auf die festgelegte Zeit ein. Sie kann zwanzig, fünfundzwanzig oder dreißig Minuten dauern. Auch längere Phasen sind möglich aber wir sollten die Intensität dieser Meditationsform nicht unterschätzen und nicht zu viel von uns verlangen, besonders am Anfang. Generell ist es zu Beginn besser, häufige kurze Phasen starker Konzentration vorzusehen als wenige Meditationen, die irgendwelche persönlichen Zeitrekorde brechen. Deshalb sind auch kurze Phasen von fünf oder zehn Minuten am Anfang durchaus zu empfehlen, falls Sie feststellen, dass diese Ihnen am meisten helfen.

Umgebung	normalerweise draußen, aber auch drinnen sehr gut möglich
Geschwindigkeit	langsam bis sehr langsam, teilweise zeitlupenartig
Koordination mit dem Atem	auf verschiedene Art möglich, aber nicht festgelegt
Intensität der Konzentration	sehr hoch
Kommunikation mit anderen	keine (auf öffentlichen Wegen eventuell Schild verwenden)

Nun beginnen wir die eigentliche Gehmeditation, indem wir den linken Fuß zuerst heben, nach vorn führen und wieder am Boden aufsetzen. Zeitgleich mit dem Aufsetzen des linken Fußes bei diesem ersten Schritt beginnt schon der rechte Fuß, sich vom Boden zu lösen, dann hebt er sich ebenfalls, wird nach vorn geführt und setzt auf. Wir tun nichts anderes, als die natürliche Gehbewegung durchzuführen, allerdings langsam und mit bewusster Konzentration.

Diese bewusste Konzentration sollte sich zu Beginn nur auf diese drei Phasen der Fußbewegung richten: anheben, nach vorn führen, aufsetzen. Wir können die Konzentration unterstützen, indem wir diese Phasen innerlich benennen: anheben, nach vorn führen, aufsetzen. Diese Verankerung der Konzentration bei der Fußbewegung kann noch verstärkt werden, indem wir fünf Phasen unterscheiden: den Fuß vom Boden lösen, ihn anheben, nach vorn führen, absenken, aufsetzen.

Wir sollten aber das innerliche Benennen der Phasen, seien es nun drei oder fünf, bald loslassen und zu einer Konzentration kommen, die ohne sprachliche Bezeichnung auskommt. Unsere Sinne werden dabei immer wieder neue und andere Impulse feststellen und melden: Wir spüren die Bewegung der Beine, der Arme, wir spüren den Kontakt der Haut mit der Luft, wir spüren die Wärme der Sonne, hören Geräusche, sehen eine Wespe vorbeifliegen oder die Bewegung der Äste im Wind. Hinzu kommen unsere Gedanken, die Aktivität unseres Geistes, der seine Gewohnheit fortsetzen möchte, Schönes zu ergattern und vielleicht vorhandenes Negatives früh zu erkennen und abzuwehren. Dieser Geist will bewerten und kommentieren. Er wird uns „vorschlagen", Kälte oder Wärme als negativ zu bewerten, und wird uns „fragen", ob wir dieses „Problem" nicht lösen wollen.

Aber wir wollen nichts lösen. Wir wollen nicht wollen. Es gibt auch nichts zu lösen oder zu wollen. Es gibt nur den Kontakt des Fußes mit dem Boden, die Bewegung des Fußes, den Gang selbst. Alle anderen Sinneswahrnehmungen sind in Ordnung und sogar willkommen. Wir wehren nichts ab, lassen alles zu. Wir begegnen den Wahrnehmungen der Sinne und der Aktivität des Geistes mit freundlichem Interesse, doch wir folgen keinem dieser Impulse oder Gedanken. Wir lassen uns nicht von ihnen in die Gewohnheiten der Reaktionen und Gedanken hineinziehen. Wir kehren immer wieder zur Fußbewegung zurück. Wir gehen, um zu gehen. Wir gehen und wissen, dass wir gehen.

Diese hoch konzentrierte Form der Gehmeditation ist nicht schwierig, auch wenn es dabei scheinbar einiges zu beachten gibt. Aber Ihr Geist ist Ihr Geist, und so wie er ist, ist er in Ordnung. Wenn Sie sich gut auf die Fußbewegung konzentrieren können und Ihr Geist rasch frei und offen wird, dann ist dies schön. Doch es ist keine „gute" Leistung in der Meditation. Es ist einfach das Ergebnis der gegebenen Bedingungen. Daher ist es auch kein Problem, wenn Sie feststellen, dass Ihr Geist kaum eine Sekunde bei der Fußbewegung bleiben kann und permanent abschweift. Dieser Geist ist auch nur das Ergebnis dessen, was in Ihrem Leben zuvor und bisher vorherrschend war. Das war nicht schlecht, denn es hat Sie bis hierher und bis heute gebracht. Urteilen Sie nicht. Genießen Sie und behandeln Sie Ihre Umgebung, Ihre Sinneseindrücke und Ihre Gedanken mit Liebe und auch mit Humor. Diese Umgebung, diese Sinneseindrücke und diese Gedanken sind Ihre Kinder, Sie haben dies alles in Ihrem Leben erschaffen. Nichts daran ist wirklich schlecht – oder gut. Aber es ist Ihr Leben. Es ist kostbar. Schauen Sie hin. Es wird nicht ewig zu Ihrer Verfügung stehen.

Langsame Zendo-Gehmeditation (Kinhin)

Der *Zendo* ist der Meditationsraum im Zen-Kloster. In der Tat kommt diese Form der Gehmeditation aus den buddhistischen Meditationshäusern und Praxiszentren. Sie hat auch einen praktischen Hintergrund: Wenn die Nonnen und Mönche der Klöster viele Stunden am Tag sitzend meditieren, dann braucht ihr Körper zwischendurch Bewegung, weil sich sonst bald Schmerzen und sogar dauerhafte Schäden einstellen würden. Der menschliche Körper ist von der Evolution nicht primär dafür geschaffen worden, stundenlang unbeweglich auf dem Boden zu sitzen. Daher musste eine Form der Bewegung gefunden werden, welche die Konzentration aus der vorherigen Phase der Sitzmeditation in die nächste „hinüberrettet".

Dennoch ist das Kinhin weit mehr als nur ein wenig Gymnastik zwischen verschiedenen Sitzmeditationen. Diese Form der Gehmeditation ermöglicht vielmehr die einfachste und beste Harmonie zwischen Atem und Gehbewegung. In den asiatischen Schulen des Geistestrainings (Taoismus, Buddhismus, Hinduismus, Yoga etc.) wird der Atem oft als ein Scharnier zwischen Körper und Geist bezeichnet, als das Bindeglied zweier Aspekte des Menschen, die in Wahrheit eine Einheit darstellen. So kann der Atem in seiner Bedeutung für die Befreiung unseres Geistes kaum überschätzt werden. Eine klar ausgerichtete und von gedanklichem Ballast befreite Ausrichtung auf den Atem ist nichts weniger als das Tor zur Freiheit und eine solche Ausrichtung ermöglicht die Kinhin-Gehmeditation.

Umgebung	normalerweise drinnen, auch draußen möglich
Geschwindigkeit	langsam
Koordination mit dem Atem	ein Schritt pro Einatmung, nächster Schritt bei Ausatmung
Intensität der Konzentration	hoch bis sehr hoch
Kommunikation mit anderen	keine (auf öffentlichen Wegen eventuell Schild verwenden)

Traditionell handelt es sich bei dieser Form um eine Gruppenpraxis, bei der alle Meditierenden in gleichbleibendem Abstand und gleicher Geschwindigkeit – aber jeder in individueller Koordination mit seinem Atem – in einer Kreisbewegung an den Wänden der Meditationshalle entlanggehen. Hier wollen wir jedoch von einer individuellen Nutzung dieser Form durch Sie ausgehen.

Beginnen wir wieder mit dem „Ankommen" am Ort unserer Gehmeditation. Das kann ihr Wohnzimmer sein, ein Korridor oder zum Beispiel ein Hotel- oder Gästezimmer. Sie brauchen nicht mehr als zwei oder drei Meter Platz für ihre meditativen Schritte, sie sind also praktisch überall möglich. Wir stehen einen Moment bequem, entspannt aber aufmerksam, ja wachsam, und nehmen das Stehen selbst, unseren Körper und die Empfindungen unserer Sinne wahr, möglichst ohne Bewertung und gedankliche Kommentierung. Dann atmen wir normal und natürlich ein, so wie es uns in diesem Moment entspricht, und setzen dabei den linken Fuß zu einem ersten Schritt nach vorn. Mit der nächsten Ausatmung bewegen wir den rechten Fuß zum zweiten Schritt – und so geht es weiter.

Wir sollten dabei die Schritte auf den Atem abstimmen – nicht umgekehrt, weil dies zu einer unnatürlichen Atmung führt, die nicht zu empfehlen ist. Bleiben Sie also – im Unterschied zur vorher beschriebenen Vipassana-Gehmeditation – mit ihrer Konzentration zuerst beim Atem und nicht zuerst beim Kontakt der Füße mit dem Boden. Vor allem ist unser Geist beim Atem verankert und der ganze Körper folgt seinem Rhythmus mit der Gehbewegung: Einatmung – ein Schritt links, Ausatmung – ein Schritt rechts.

Richten Sie den Blick auf den Boden vor Ihnen, ohne den Kopf zu sehr zu senken, weil eine solche „Demutshaltung" einem freudigen und offenen Geist nicht förderlich ist. Der Blick schweift nicht umher, erstarrt aber auch nicht. Lassen Sie die Arme an den Seiten entspannt hängen oder führen Sie die Hände vor dem Bauch zusammen; stecken Sie die Hände nicht in Hosentaschen oder Ähnliches.

Der Gang ist natürlich und nicht übertrieben verlangsamt und feierlich. Wie schon gesagt, richtet sich die Konzentration vor allem auf den Atem, schließt aber, wie im Falle der Vipassana-Gehmeditation und der Meditation allgemein, auch andere Sinneseindrücke und Gedanken nicht aus: Da ist der Kontakt der Füße mit dem Boden, die An- und Entspannung der Beinmuskeln, da sind die Berührungen der Kleidung auf der Haut, Geräusche, Licht. Und über alles legt sich schnell wieder der Schleier der Gedankenaktivität, bald dumpf und diffus, bald in klareren Urteilen, Bewertungen, Kommentaren, Vergleichen etc. Das ist normal und ganz natürlich. Kehren Sie einfach wieder zum Atem und zu dem ruhigen Rhythmus ihrer Schritte zurück: Einatmung – links, Ausatmung – rechts.

Der Atem als Verbindungsstück zwischen Körper und Geist und als bester Freund ist tatsächlich immer da, wenn wir ihn brauchen. Und wir brauchen ihn oft, ja wir brauchen ihn fast immer, denn die Tendenz unseres Geistes, sich zu verzetteln und zu verlieren, alten Gewohnheiten zu folgen und überall Probleme und Schwierigkeiten zu erkennen und auch selbst zu produzieren ist normalerweise stark ausgeprägt. Doch der beste Freund hat viel Geduld und ist auf sanfte Weise sehr beharrlich. Solange ich lebe, wird er nicht aufhören, seinen Rhythmus fortzusetzen: ein – aus, ein – aus. Ich muss ihn nicht daran erinnern, ich muss ihn nicht darum bitten. Ich muss – oder kann – ihm folgen. Das ist alles. Der Freund reicht mir sozusagen in jedem Moment seine Hand zur Hilfe. Warum sollte ich sie nicht ergreifen?

„3 x 1" Gehmeditation

Diese Form der Gehmeditation ist leicht in der Öffentlichkeit möglich, denn die Gehgeschwindigkeit ist zwar noch langsam, aber nicht mehr vollständig absonderlich für Nicht-Eingeweihte. Sie wird in den Meditationszentren der Plum Village Dhyana-Tradition des Meditationslehrers Thich Nhat Hanh wie dem Intersein-Zentrum im Bayerischen Wald oder in Plum Village in Südwestfrankreich praktiziert.

Auch diese Form beruht auf einer Abstimmung der Schrittfolge auf den Atem. Diesmal jedoch erlauben wir unseren Beinen, bei der Einatmung ungefähr drei Schritte zu tun, während die nächste Ausatmung wieder von drei Schritten begleitet wird. Wir brauchen dabei nicht zu präzise zu werden – es reicht, wenn die Gehbewegung dem Atem folgt. Wieder sollten wir beachten, dass nicht das Umgekehrte geschieht: eine unbewusste Verkürzung oder Verlängerung der Atmung, um sie den drei Schritten anzupassen. Eine künstlich manipulierte Atmung kann ungesund sein und vielfältige negative Folgen auf Körper und Geist haben, wie zum Beispiel Seitenstechen, Kopfschmerzen, Kurzatmigkeit oder Angstgefühle.

Die drei Schritte pro Atemzug ergeben ein langsames Schreiten, das dem normalen Gehen schon nahekommt. Diese Annäherung an die Normalität ist jedoch keine Vereinfachung, sondern das Gegenteil. Während unser Verstand bei der langsamen Vipassana-Gehmeditation oder dem Kinhin registriert, dass wir uns „ungewöhnlich" bewegen, und deshalb „gestattet", dass wir uns in ebenso ungewöhnlichem

Umgebung	draußen
Geschwindigkeit	langsames, aber normales Gehtempo
Koordination mit dem Atem	etwa drei Schritte pro Einatmung, weitere drei Schritte bei Ausatmung
Intensität der Konzentration	mittel bis hoch
Kommunikation mit anderen	freundliche Offenheit, Blick und stiller Gruß (Kopfnicken, Lächeln), aber möglichst keine Unterbrechungen zulassen

Maße konzentrieren, geraten wir mit dieser „3 x 1" Gehmeditation in die Nähe unserer gewohnten Bewegungen. Daher will auch unser Geist wieder in seine Gewohnheiten zurückfallen und es wird schwieriger, konzentriert zu bleiben. Auch ist die Versuchung, den Kopf zu wenden, den Blick schweifen zu lassen und allgemein den Sinneseindrücken zu folgen, größer als bei den beiden zuvor vorgestellten formelleren Varianten der Gehmeditation.

Es reicht jedoch aus, uns dieser erhöhten Schwierigkeit und der Versuchungen für unsere Sinne bewusst zu sein und den Abschweifungen unseres Geistes mit liebevoller Geduld zu begegnen. Wir kehren einfach nach jeder Abschweifung zu unserem Atem und zu unseren drei Schritten zurück. Auch sollten wir nichts krampfhaft abwehren, was die Welt uns an Schönem geben will. Normalerweise werden wir diese Form der Gehmeditation in der Natur praktizieren, auf einem Waldweg zum Beispiel, in einem Park oder auf einer Wiese. Die uns umgebende Natur an einem sonnigen Sommertag in ihrer Pracht und Schönheit ist nichts, was wir durch übertriebene Konzentration auf Atmung, Schrittfolge oder Gehbewegung ausschließen sollten. Alles dies darf und soll zu uns kommen. Wir sollten nur nicht aktiv nach den einzelnen Sinneseindrücken suchen. Das ist der Unterschied. Unser Geist will vermeintlich Gutes oder Schlechtes suchen, finden, erobern oder abwehren. Da wir erkennen, dass dieses Suchen uns Leiden bringt, stellen wir das Suchen ein. Aber wir werden deshalb keine Konzentrationsfanatiker, die mit ernster Miene in streng gemessener Form umherschreiten und möglichst von keiner Lebensäußerung der Natur in ihrem weisen Tun gestört werden möchten. Dies wäre keine Meditation, sondern die traurige Umsetzung eines tragischen Missverständnisses.

Unser gewöhnlicher Geist arbeitet dualistisch, das heißt, er benutzt Gegensatzpaare, um die Phänomene zu unterscheiden und uns Orientierung zu geben. Dies ist nötig, um zum Beispiel als Kind zu lernen, dass Feuer zwar schön und nicht hässlich, aber auch gefährlich und kein Spielzeug ist. Diese Einteilungen haben ihren praktischen Wert, doch sie beschreiben nicht die Realität. Dies aber ist die feste Überzeugung des Verstandes: Für ihn ist die Realität schwarz oder weiß, der Weg geht nach rechts oder links, es geht um das Gute und nicht um das Schlechte, denn wir wollen leben und nicht sterben. Die Realität ist jedoch ein vielfach ineinanderfließendes System aus Prozessen und Bewegungen, die letztlich keine Form oder Substanz haben, die nie begannen und niemals enden. Hier aber kapituliert unser Verstand. Keine Formen? Unendliche Prozesse ohne Substanz? Ratlos und verängstigt zieht er sich zurück.

Dies bedeutet, dass wir ein einfaches Kriterium besitzen, um bei dieser Form der Gehmeditation oder bei anderen Formen zu erkennen, ob wir „auf dem richtigen Weg" sind: Wann immer unser Geist sich verschließt und abkapselt, wann immer er unterscheidet und trennt, besteht die Gefahr, dass unser Verstand die Meditation benutzt, um seine gewohnte Allmacht über uns wiederherzustellen. Wann immer wir eine Ahnung von der unendlichen Vielfalt der Welt haben und sich sanft, leise, fast unscheinbar ein Gefühl der Nicht-Trennung von dieser vielfältigen Welt entwickelt, eine Durchlässigkeit und friedliche Übereinstimmung mit allen Erscheinungen, auch mit denjenigen, die wir normalerweise nicht begrüßen würden, dann begeben wir uns auf den Weg wirklicher Ein-sicht in die wahre Natur der Erscheinungen. Es ist die Einsicht, welche den Buddha befreit hat, als er erkannte, dass unser Geist reines Leiden ist, solange er ablehnt und trennt, dass aber derselbe Geist das ganze Universum in sich aufnehmen kann, wenn er ohne jeden Dualismus versteht, dass er selbst nichts anderes ist als ein Ausdruck dieses Universums, ein untrennbarer Bestandteil – dass diese Vielfalt der Welt also in Wahrheit eine Einheit ist, eine Einheit, von der „ich" nicht getrennt sein kann.

Meditatives Gehen oder Wandern

Während wir bei den bisher beschriebenen drei Formen jeweils von Meditation gesprochen haben, sollten wir mit dieser und der nächsten Form bescheidener werden und sie als „meditatives Gehen" beziehungsweise „meditatives Laufen" bezeichnen. Auch sollten wir die These der erhöhten Schwierigkeit durch eine Annäherung der Gehbewegung an die täglichen Gewohnheiten nicht noch weitertreiben, indem wir nun behaupten, mit dem Gehen in normaler Geschwindigkeit und dem Laufen die höchsten Schwierigkeitsgrade zu erreichen. Dies wäre reine Theorie ohne viel praktische Relevanz.

Nach meiner Erfahrung können wir beim Gehen in normaler Geschwindigkeit nicht mehr wirklich von Meditation sprechen, weil wir nicht mehr nur eine hauptsächliche Form der Verankerung der Konzentration empfehlen können. Bei der langsamen Vipassana-Gehmeditation konzentrieren wir unsere Aufmerksamkeit primär auf die Fußbewegung, beim Kinhin und bei der „3 x 1" Gehmeditation vor allem auf den Atem. Beim normalen Gehen wird es dagegen nicht mehr nur eine Hauptmöglichkeit der Verankerung geben. Zwar ist nach meiner Erfahrung der Fußkontakt mit dem Boden derjenige Sinnesimpuls, der mir auch hier in den meisten Momenten hilft, meinen Geist zu sammeln und unkontrolliertes Umherschweifen der Gedanken zu vermeiden oder zumindest immer wieder liebevoll zu unterbrechen, um meinem Geist eine Pause zu gönnen. Da es sich jedoch um „normales" Gehen handelt, bleibe ich an roten Ampeln stehen, überquere Straßen, sehe eine Werbetafel, grüße

Umgebung	normalerweise draußen, auch drinnen möglich
Geschwindigkeit	normales, aber nicht eiliges Gehtempo
Koordination mit dem Atem	nicht festgelegt
Intensität der Konzentration	gering bis mittel
Kommunikation mit anderen	normales Sozialverhalten, Offenheit, Blick und Gruß

einen Nachbarn. Somit wird meine ganze Umwelt zur Verankerung, mein offener Geist nimmt alles dies an, versucht aber, jeden dieser Impulse für einen kurzen Moment *ganz* anzunehmen. Wenn ich den Nachbarn grüße, dann sehe ich für einen Moment nichts anderes als sein Gesicht und mein Geist beschäftigt sich mit nichts anderem als mit diesem Blick und dem altgewohnten Grußwort, das mein Mund ausspricht. Unmittelbar danach kehre ich zum Kontakt des Fußes mit dem Boden zurück, wenn auch ohne großes Bemühen, dies durchzuhalten, denn schon bald wird ein neues Geräusch, ein neues Bild oder ein neuer Gedanke auftauchen und meinen Geist einen Moment beschäftigen, was ich zulasse und erneut möglichst *ganz* annehme.

Ich sollte also meine Ansprüche senken, falls ich Ansprüche an mich und meine Konzentration habe, was leider meistens der Fall ist. Beim Durchqueren einer Flughafenhalle, beim Gang zur Bushaltestelle oder bei den gewohnten Schritten von meinem Schreibtisch zur Toilette kann mein Geist normalerweise nicht so aufmerksam sein wie bei einer langsamen Vipassana-Gehmeditation auf einer einsamen

Waldwiese. Das muss er auch nicht. Das Schöne und Wertvolle kann jedoch darin bestehen, dass ich mich in diesen gewohnten Situationen nicht vollständig verliere, dass ich auch noch einen Rest an Bewusstheit aufrechterhalte, dass ich zumindest für einige Sekunden gehe und weiß, dass ich gehe.

Mit dieser „offenen Verankerung" und diesen reduzierten Ansprüchen an die Konzentration kann das meditative Gehen in Alltagssituationen zu einem unschätzbar kostbaren Instrument werden, denn nur hier, im wirklichen Leben und in realen und alltäglichen Situationen, kann ich wahrhaft eine neue Gewohnheit „einschleifen" und der alten Unbewusstheit meines Geistes zur Seite stellen, um eine Wahlmöglichkeit zu bieten: Willst du weiter in der traurigen Traumwelt verloren bleiben, die dein unbewusst permanent arbeitender Geist erschafft, oder willst du mit deinen Sinnen und mit einem wachen und offenen Geist an diesem Leben teilnehmen, es wirklich und freudig er-leben?

Die formelleren Situationen der echten Meditationen bieten bessere Bedingungen, um meinen Geist zu trainieren, von seinen alten Gewohnheiten Abstand zu nehmen. Doch auf den Straßen und in den Behörden, im Korridor eines Krankenhauses und auf dem Parkplatz des Supermarktes zeigt sich, ob dieses Training einen praktischen Nutzen hat. Hier will mein Geist sofort wieder in sein altes Freund/Feind-Schema verfallen, hier wird unterschieden, getrennt und in Gut und Böse zerlegt, was das Zeug hält. Dies zu beobachten, dieser Tendenz mit liebevoller Nachsicht zu begegnen, immer wieder Verankerungen zu finden, mal im Bodenkontakt der Füße, mal in meiner Hand am Einkaufswagen, in einem Geruch, einem Geräusch, im Atem und wieder im Fuß – das ist das Leben und nicht eigentlich die formelle Mediation, die meist im Meditationszentrum mit seiner geschützten Umgebung geübt wird.

Dennoch kommt die Probe vor der Premiere und das Training vor dem Wettkampf. Deshalb ist es von unschätzbar großer Hilfe, wenn wir mit dieser Einfügung meditativer Momente in unseren Alltag nicht beginnen, sondern uns zuerst in formeller Meditation üben. Dann wird der „meditative Alltag" uns leichter fallen und beide Formen können einander unterstützen.

Beim Wandern in der Natur ist es besonders leicht und besonders schön, einfach freudig immer wieder neue Verankerungen des Geistes in dem zu finden, was der Weg meinen Sinnen bietet, ohne aktiv suchend in die jeweiligen Richtungen „auszuschweifen", weil die Sinneseindrücke sanfter und natürlicher sind als in der Stadt. Das Rauschen eines Baches ist einfach weniger anstrengend als eine Autohupe, obwohl mir beides in gleichem Maße helfen kann, meinen Geist zu zentrieren.

In der Natur bietet fast jeder neue Sinnesimpuls eine friedliche und freudvolle Chance zur Verankerung des Geistes: Ich spüre die größere Anstrengung in den Beinmuskeln bei einer Steigung, die veränderte Bewegung und das Abbremsen der Schritte, wenn der Weg abwärtsführt. Dabei atme ich die würzige Waldluft, höre das Rascheln des Windes in den Blättern, das Rauschen eines Baches, den Gesang der Vögel. Auf dem Weg vor mir bewegt sich das Spiel aus Sonnenlicht und Schatten, ich spüre die Wärme der Sonne oder die Kühle des Schattens auf der Gesichtshaut. Alles dies ist weit angenehmer als eine urbane Umgebung; auch ist mit weniger plötzlichen Sinneseindrücken zu rechnen, was dem Geist Entspannung ermöglicht.

Eine Wanderung dauert oft mehrere Stunden. Dabei ist auch ohne jeden meditativen Anspruch zu beobachten, wie sich die anfänglich intensive unbewusste Geistesaktivität zunehmend beruhigt und unser Geist sich immer weiter für die Umgebung öffnet. Dies bedeutet, dass Wandern an sich bereits ein meditatives Element enthält, denn wenn wir es schaffen, ohne ehrgeizige Ziele an Strecke oder gar an Schnelligkeit zu wandern, dann ist das Wandern Selbstzweck. Wir wandern, um zu wandern. Wir wandern, um die Natur zu genießen, um Abstand zu gewinnen vom Stress des Alltags. Es geht um innere Beruhigung, das ist ein meditativer Grundansatz. Es geht auch dem Wanderer darum, den Geist zu zentrieren, ihn auf die Wahrnehmung der Natur und seine Bewegung in der Natur auszurichten. Wir könnten nun noch einen guten Grund nennen, warum wir dies beim Wandern tun wollen: um uns nicht zu verlieren in trauriger, sich ewig wiederholender Unbewusstheit. Der Wanderer braucht also, wenn er den meditativen Grundansatz verstärken will, nicht viel an seiner geistigen Grundhaltung zu verändern. Der „meditative Wanderer" weiß lediglich, warum er wandert: Es geht ihm darum, sich der unkontrollierten Gedankenaktivität bewusst zu werden, möglichst oft und möglichst früh, ganz sanft und mit Nachsicht sich selbst gegenüber. Jedes Mal, wenn dies gelingt, richtet er daher seinen Geist friedlich und offen auf seine Sinneswahrnehmungen, auf seinen Körper, auf das Schöne, das ihn umgibt und das ohne jede Anstrengung zu ihm kommt. Das ist kein verkrampftes „Nicht denken wollen", kein gewaltsames Abwerfen jeder Idee, die mir in den Sinn kommt. Es ist ein Öffnen, kein Verschließen. Es ist ein Erweitern, kein Verengen. Es ist sanfte Befreiung und kein Kampf gegen das eigene Gehirn.

Meditatives Jogging

Das entschlossene und zielgerichtete Wandern und – noch mehr – das Laufen sind Körperbewegungen, die eine entspannte Geisteshaltung nicht begünstigen. Unser Geist wird immer maßgeblich durch die Haltungen und Bewegungen unseres Körpers beeinflusst. Bei hektischen Bewegungen ist es fast unmöglich, einen ruhigen und entspannten Geist zu bewahren – und bei entspannten Körperhaltungen, wie dem halben oder ganzen Lotossitz in der Sitzmeditation, ist es nicht wahrscheinlich, dass der Geist dauerhaft aufgeregt und ruhelos bleibt.

Das Laufen kann einen Geist fördern, der gehetzt und angestrengt „vor etwas wegläuft". Erfahrene Jogger kennen und genießen jedoch vor allem ein anderes und angenehmes Gefühl, das sich nach einiger Zeit, meist aber schon zu Beginn des Laufens einstellt und den ganzen Körper zu durchfluten scheint. Es handelt sich dabei um bestimmte Endorphin-Ausschüttungen, die den Läufer „belohnen". Diese Ausschüttungen hatten ursprünglich einmal den Zweck, Angst und Druck in Situationen der Jagd oder der Flucht zu verringern.

Was auch immer wir beim Laufen fühlen oder denken, es sollte uns *bewusst* werden und bleiben. Es ist nicht wichtig, ob die Gedanken und Gefühle angenehm oder unangenehm sind, und es ist nicht wichtig, wodurch sie entstehen und welche Funktion sie in unserem körperlich-geistigen Gesamtsystem hatten oder haben. Die große Chance besteht darin, bewusst wahrzunehmen, was unser Geist macht,

Umgebung	draußen
Geschwindigkeit	persönliches Lauftempo
Koordination mit dem Atem	nicht festgelegt
Intensität der Konzentration	gering bis mittel
Kommunikation mit anderen	normales Sozialverhalten, Offenheit, Blick und Gruß

während wir ebenso bewusst wahrnehmen, was unsere Sinne uns melden.

Wenn wir also gern joggen, so haben wir auch in dieser Bewegung – wie in allen zuvor dargestellten – die Möglichkeit, unseren Geist bei den Sinneswahrnehmungen zu verankern und zu beobachten, was er an Gedanken und Gefühlen produziert. Meditatives Laufen unterscheidet sich daher im Grundansatz kaum vom meditativen Wandern – allerdings ist die Körperbewegung eine andere und diese Bewegung beeinflusst unseren Geist auf eine andere Art.

Es ist der schnellere Atem, der kraftvoll aus meinen Lungen strömt und wieder eingezogen wird, es ist das federnde Aufsetzen und Abspringen des Fußes, es ist der kurze Moment in der Luft, bevor der Fuß wieder aufsetzt. Da ist die rhythmische Armbewegung, die den Schritten folgt und dem Körper Gleichgewicht gibt, da ist die leichte Erschütterung durch den ganzen Körper bei jedem neuen Aufsetzen und Abspringen, das energische An- und Abspannen der Beinmuskeln – alles dies bedingt einen bestimmten Geist, einen Geist, der Freude an der Bewegung hat, einen vitalen Geist, denn alle Körperfunktionen laufen auf recht hohen

Touren, einen vielleicht auch gestressten und geforderten Geist, der die körperliche Anstrengung nicht nur genießt, sondern auch erleidet. Da sind also Gedanken und Gefühle der Annahme und Ablehnung, der Hoffnung und der Enttäuschung, des Stolzes über die erreichte Leistung oder der Unzufriedenheit.

Das Laufen bedingt ein intensives Zusammenspiel zwischen Körper und Geist, das mir in dieser Deutlichkeit selten geboten wird. Dieses ziemlich reibungslose Funktionieren meines Körpers bei hoher Belastung kann mich mit Freude und Dankbarkeit erfüllen und ich kann mir der Bewegungen meines Körpers und ihrer Auswirkungen auf den Geist bewusst werden. Dabei sollte ich nicht primär versuchen, diese Bewusstheit zu nutzen, um meinen Geist zu verändern, wenn sein momentan vorhandener Inhalt mir nicht gefällt. Die Inhalte unseres Geistes sind einfach die Produkte der jeweils gegebenen Bedingungen. Diese Inhalte kommen und gehen, sie verändern sich einfach, wenn die Bedingungen sich ändern. Keiner dieser Gedanken hat Bestand oder gleichbleibende Wichtigkeit. Ich werde nicht freier, wenn ich unliebsame Gedanken „erwische" und beseitige. Dies kann sogar zur Verrücktheit führen. Nein, die Freiheit besteht darin, einfach liebevoll und gelassen zu beobachten, welche Inhalte mein Geist produziert, sie nicht zu wichtig zu nehmen, da sie sich ohnehin ständig verändern, und nicht an ihnen festzuhalten.

Dies kann beim Laufen gut gelingen, da ich recht schnell in neue Situationen komme, wenn ich eine Kurve laufe, einer Wurzel ausweiche, einen Ast überspringe oder den veränderten Boden auf einer asphaltierten Straße oder auf einem sandigen Feldweg spüre. Die Situationen ändern sich rasch und mein Geist möchte gern an einzelnen von ihnen festhalten, gleichsam an ihnen herumkauen, wie ein Hund am Knochen, und dies aus den verschiedensten Gründen, die zu analysieren müßig ist. Ich aber bekomme ständig neue Gelegenheit, die Sinneswahrnehmung auf einen anderen Aspekt zu richten. Dies kann ein gutes Training des Loslassens von Gedanken und Gefühlen werden. Ich sollte jedoch darauf achten, dass es nicht zu einem Weglaufen vor den Gedanken und Gefühlen wird, sondern ein offenes Hinlaufen auf alle Empfindungen, Gedanken und Gefühle bleibt, die da kommen, egal ob schön oder unschön. So kann das Laufen ein freudvolles Begrüßen aller Geistesinhalte werden – ein Begrüßen und sofortiges Verabschieden und Loslassen, was in dieser schnellen Abfolge sonst nicht leicht geübt werden kann.

Manche Jogger, die uns begegnen, wirken leider verkrampft und gehetzt, vielleicht weil sie sich übermäßig viel abverlangen, vielleicht aus anderen Gründen; in jedem Fall scheinen sie nicht viel Freude zu empfinden. Sollte dies beim Laufen oder in anderen Situationen der Fall ein, so können wir uns bewusst machen, dass Dankbarkeit Freude unterstützt. Mir wurde einmal vor einer Gehmeditation des „3 x 1"-Typs empfohlen, bei jedem Schritt innerlich „Danke" zu sagen. Vielleicht kann dies beim Laufen – oder in anderen Situationen – hilfreich sein. Ich sollte allerdings beim Laufen nicht bei jedem Schritt „danken", das wäre zu schnell und es gäbe kaum Zeit, sich bewusst zu machen, wem oder was ich da permanent dankbar bin. Jeder dritte, jeder fünfte, jeder zehnte Schritt oder das Erreichen des jeweils nächsten Baums oder der nächsten Parkbank kann jedoch mit einem Dank verbunden sein: dem Dank für gesunde Beine, für den wunderbaren Park, für den Baum, die Sonne, die gute Luft, die hochwertigen Laufschuhe, die Arbeitsstelle, die mir ermöglicht hat, diese Schuhe zu kaufen. Dank für das gute Wetter, für die gute Stimmung trotz schlechten Wetters, für die Gesundheit meiner Kinder, die Freundlichkeit eines Menschen, der meinen Gruß erwidert. Wir können hundert Dinge entdecken, denen wir dankbar sein sollten, und es wird uns andererseits kaum schwerfallen, uns an andere Menschen zu erinnern, die den einen oder anderen Dank auf diese Weise gerade nicht leicht aussprechen können, weil sie eben nicht über so gesunde Beine verfügen. So können wir in die Freude laufen oder gehen – mit dem kleinen Umweg über die Dankbarkeit. Wenn wir dabei die Bewusstheit für unsere Sinneswahrnehmungen und unsere sonstigen Gedanken und Gefühle aufrechterhalten, dann wird in unserem Geist kaum Raum bleiben für unbewusstes Umherirren im Nebel der geistigen Gewohnheiten. Und dies wird uns freier und glücklicher machen – und zwar sofort. Wetten?

3 • Orte und Erfahrungen:
Mein meditativer Weg durchs Leben

Krankenhaus

Vor einigen Jahren besuchte ich mit meinem damals 16-jährigen Sohn und meiner Frau, die nicht seine Mutter ist, meine Eltern über Weihnachten. Sie leben in einer norddeutschen Kleinstadt. Am zweiten Weihnachtstag, dem Tag vor unserer geplanten Rückreise, bekam mein Sohn starke Unterleibsschmerzen. Schon wenige Stunden später musste er ins Krankenhaus eingeliefert werden, wo festgestellt wurde, dass sehr bald eine Operation nötig sein würde. Meine Frau reiste wie geplant am nächsten Tag ab, da sie dringende berufliche Verpflichtungen hatte und eine Person zur Begleitung des Kranken ausreichte. Ich musste meinen Rückflug auf unbestimmte Zeit verschieben und alle, besonders meine alten Eltern, waren in großer Sorge.

Der Weg von unserem Hotel zum Krankenhaus war rund einen Kilometer lang und führte durch die Außenbezirke der Stadt. Es lag Schnee, der Himmel war fast die ganze Zeit über grau und dunkel. Auf diesem Weg gab es wenig Erbauliches zu sehen: Er führte an einer viel befahrenen Straße entlang, man passierte einen Schulhof, man sah Vorgärten vor Einfamilienhäusern, Bürgersteige, Radwege, Parkplätze.

Dies waren die äußeren Bedingungen: eine Notsituation, ein kranker Sohn, Unklarheit im Bezug auf die Rückreise, eine winterliche Kleinstadt.

Meine Rolle in jenen Tagen konnte keine besonders aktive sein. Ich konnte ja nicht viel zur praktischen Verbesserung beitragen. Die Gesundheit meines Sohnes lag in der Verantwortung der Ärzte und Pfleger und die Frage der Rückreise hing vom Heilungsverlauf ab.

Was tun? Es gab nichts zu tun. Und doch konnte ich so viel tun – und was ich tat, gelang mir durch die Gehmeditation.

Jeden Tag ging ich zwei- oder dreimal den Dreiecksweg Hotel – Krankenhaus – Haus meiner Eltern. Und jeder dieser Wege bot mir die Gelegenheit, Kontakt aufzunehmen zu den Empfindungen meiner Sinne, wenn ich die eiskalte Luft atmete, die meinen Geist schnell klar und wach werden ließ, wenn ich durch den Schnee stapfte und die Autos an mir vorbei über die nasse Straße rauschen hörte, die Radfahrer und Fußgänger grüßte, die mir entgegenkamen. Ich nahm freundlichen Kontakt auf zu meinen Sinnesempfindungen, betrachtete dabei aber auch meine Gedanken der Sorge, der Überlegung zum Beispiel, was ich die Ärzte fragen wollte, und meine Gefühle der Angst, des Unwillens, der Wut und so weiter. Aber der Schnee, die Luft, die vorbeirauschenden Autos halfen mir zuverlässig, keinen dieser Gedanken zu lange zu verfolgen, an keinem dieser Gefühle festzuhalten. Ich ging durch den Schnee vom Hotel zum Krankenhaus. Ich ging vom Krankenhaus zu meinen Eltern. Ich ging von meinen Eltern zum Hotel. Ich ging, um zu gehen.

Jeder dieser Gänge half mir, mir eben keine Sorgen zu machen. Robert Betz sagt, Sorgen sind geistige Umweltverschmutzung. Und in der Tat: Wem nützte es, wenn ich mir Sorgen machte? Meinem Sohn? Den Ärzten? Meinen Eltern? Mir?

Mein Sohn lag in einem deutschen Kreiskrankenhaus. Das heißt, es war in einer hochmodernen Struktur untergebracht, in der fachlich qualifizierte Menschen arbeiteten, die viele Jahre Ausbildung und oft langjährige Berufserfahrung hinter sich hatten. Alle erforderlichen medizinischen Geräte und Medikamente standen zur Verfügung. Eine Krankenversicherung deckte die Kosten. Und dies sollte eine schlechte Situation sein? Es war keine angenehme Situation – das nicht, aber es war auch keine schlechte Situation. Dasselbe mitten im syrischen Bürgerkrieg zu erleben dürfte eine schlechte Situation sein, um nur ein Beispiel von vielen möglichen zu nennen.

Wenn ich nach meinem meditativen Kilometer im Krankenhaus ankam, war ich in der Lage, freundlich zu den Menschen zu sein. Ich konnte wahrnehmen, dass andere, die ich auf dem Gang oder im Aufzug traf, schlimmer dran waren. Ich konnte nach einigen Tagen Neuankömmlingen mit Auskünften helfen. Ich konnte mit meinem offenen und freudvollen Geist um mich herum eine positive Atmosphäre schaffen, die auf meinen Sohn ausstrahlte, die auch die Pflegerinnen und Pfleger spürten. Ich konnte kleinen Schwierigkeiten und menschlichen Versäumnissen mit Humor begegnen. So kam bald manche kleine Hilfe und mancher nützliche Tipp von allein. Die Ärzte und Schwestern begrüßten auch mich freundlich. Ich und mein Sohn waren ihnen sympathisch und sie uns. Und das hilft! Es hilft mir, es hilft meinem Sohn, es hilft allen.

Ich trainierte meine Geduld in den verschiedenen Wartezeiten vor Untersuchungen oder bei kleinen Besorgungen im

Krankenhaus. Ich nahm immer wieder Kontakt zu meinem Körper und zu meinen Geistesinhalten auf, blieb wach, blieb ruhig, konnte lächeln und warten.

Auch konnte ich meinen Eltern helfen, welche die gesamte Zeit über in großer Sorge waren und deren Wahrnehmung leider eine vollständig andere war, weil sie keine meditativen Hilfsmittel zur Verfügung hatten, um ihren Geist zu beobachten und zu beruhigen. Sie sahen vor allem das Leiden meines Sohnes, die noch bestehenden Probleme, die noch immer nicht überwundenen Krankheitsphasen, die Risiken. Ich sah, dass mein Sohn in guten Händen war, dass die Ärzte die Situation unter Kontrolle hatten und das Richtige taten. Ich sah die Heilungsfortschritte und betrachtete die Schmerzen und Probleme als unumgängliche Begleiterscheinungen.

Dies war kein positives Denken! Es war kein Ausblenden der Nachteile. Es war eher ein Nicht-Denken, eine Weigerung, mir „Gedanken zu machen" und mir auf diese Weise Probleme herbeizudenken. Es ging in jenen Tagen – und es geht immer – darum, die Realität zu sehen und *nicht* den Schleier aus selbst gemachten Gedanken und Emotionen, der sich vor die Realität schiebt und vor dem wir zitternd vor Angst dahinvegetieren, weil wir den Schleier für die Realität halten. Es gab in jenen Tagen Dinge, die zu tun waren. Es gab medizinische Entscheidungen zu treffen, es gab Risiken abzuwägen, es ging darum, mit den Ärzten zu sprechen, von ihnen Informationen zu erhalten, ihre Erklärungen zu verstehen und gemeinsam zu tun, was am besten helfen konnte. Darum ging es. Und es war mir möglich, meinen Teil beizutragen, weil ich meinen Kilometer hatte – meinen persönlichen Erholungsweg, auf dem ich wieder zurückfinden konnte in die Realität.

Es ist verrückt anzunehmen, dass wir nie krank werden. Kein Mensch verbringt seine Lebenszeit ohne Krankheit. Ein solches Ereignis ist also keine Ausnahme, es ist das Leben. Es kommt überraschend und – scheinbar – zur Unzeit. Und doch kommt es auch als ein großes Geschenk daher. Wir können uns diese Situationen erträglicher machen und uns vorbereiten auf andere und noch schwierigere Momente, die sicher kommen werden, wie zum Beispiel der Tod. Nur er ist bekanntlich sicher. Warum sollte ich nicht wenigstens den Versuch machen, mich darauf vorzubereiten, auch ihm einmal so entgegenzutreten: mit einem offenen Geist, mit einer klaren Sicht auf die Realität, mit Freundlichkeit, mit einem Lächeln?

It seems like a lot.

Das ist richtig. Aber alles ist nur eine Frage der Übung.

Autobahnraststätte

Als Dolmetscher im Auftrag von internationalen Finanz- und Versicherungsunternehmen habe ich an den verschiedensten Orten zu tun: in Kongresshallen, schicken Restaurants, altehrwürdigen Villen, Ministerien und – meistens – in Bürogebäuden. Vor einiger Zeit wurde ich jedoch zu einer Besprechung gebeten, die man aus praktischen Gründen in einem Hotel direkt an der A4 in der Nähe von Verona anberaumt hatte. Es handelt sich um einen größeren Gebäudekomplex, der aus einer Tankstelle, einer Bar, einem Restaurant und dem Hotel selbst besteht, das im Erdgeschoss mehrere Konferenzsäle bietet.

Ich kam reichlich zu früh dort an, was mir Zeit gab, in Ruhe in dem Restaurant zu Mittag zu essen. Auch danach blieb noch Zeit bis zum Beginn der Besprechung.

Ich begann also, auf dem Parkplatz langsam auf und ab zu gehen, in einer „3 x 1" Gehmeditation mit Konzentration auf den Atem und auf die Schritte, die seinem Rhythmus folgen.

Es war ein warmer italienischer Sonnentag. Schirmmütze und Sonnenbrille verhinderten Schlimmeres, doch es war nicht an sich angenehm auf diesem Parkplatz. Zudem lag er unmittelbar an der Autobahn, ich befand mich nur wenige Meter entfernt von den Autos und Lkws, die in voller Geschwindigkeit Richtung Mailand fuhren. Zur Hitze kamen also noch Lärm und Abgase.

Der Parkplatz selbst war in meiner Ecke, am äußersten Rand, wenig bis gar nicht in Benutzung. Ich wurde also nicht eigentlich gestört, auch nicht beobachtet. Zudem wehte ein frischer Wind, der die Hitze erträglich machte. Hier und da gab es sogar etwas Schatten.

So schritt ich auf und ab. Ich hatte meinen Handywecker auf 30 Minuten eingestellt, brauchte also nur auf dieses Signal zu warten und musste mir keine Gedanken um die Zeit machen.

Mein Blick blieb halb auf den Raum vor mir und halb auf den grauen Asphalt gerichtet, auf dem mit weißen Linien die einzelnen Parklücken abgegrenzt waren. Gedanken kamen und gingen. Ich ließ sie kommen und ließ sie ziehen, indem ich immer wieder mit meiner Aufmerksamkeit zurückkehrte zu den drei Schritten pro Einatmung, den drei Schritten pro Ausatmung ...

Drei ein, drei aus, drei ein, drei aus ...

Nach kurzer Zeit schon empfand ich nichts Störendes mehr um mich herum. Es war warm, aber da war der hilfreiche Wind, der auch die Abgase so weit vertrieb, dass ich nichts Unangenehmes roch. Es war laut – aber mein Geist konnte sich dank der Geräusche immer wieder kurz auf die vorbeirasenden Fahrzeuge richten, um sie gleich darauf loszulassen. Lärm kann sehr hilfreich sein, um dem Geist Halt zu geben, um ihn auszurichten. Im weiteren Blickfeld sah ich undeutlich Autos, welche die Tankstelle anfuhren und wieder verließen – ein Bild friedlichen Kommens und Gehens. Es gab dort nichts wirklich Negatives. Ich würde auf jenem Parkplatz nicht meinen Sommerurlaub verbringen wollen, aber bei näherem Hinsehen offenbarten sich sogar kleine Schönheiten.

Da war zum Beispiel ein schmaler Wiesenstreifen am Rand des Parkplatzes, auf dem Blümchen in verschiedenen Farben blühten. Da waren Ameisen, die – wie überall so auch hier – auf dem Asphalt hin und her eilten. Da waren Wespen auf dem Weg von der Hecke dort hinten zum Mülleimer hier vorn. Wie egal war es all diesen Lebewesen, dass es hier eine Autobahn gab! Sie alle konnten einfach hinnehmen, dass dies die gegebenen Bedingungen waren – und konnten damit leben. Warum sollte mir das nicht gelingen?

Es gelang auch mir. Als nach 30 Minuten der Handywecker klingelte, war mein Geist entspannt und offen. Ich war nun erholt von den Anstrengungen meiner eigenen Fahrt hierher und von dem Stress, den die Umgebung hätte auslösen können. Geholfen hatte mir, dass ich nicht vor diesem Stress in die Raststätte geflohen bin, sondern dass ich im Gegenteil – ohne dies bewusst so anzustreben – ganz in die Situation hineingegangen bin. Ich bin in der Mittagssonne ganz nah an die Autobahn, die Quelle von Lärm und Abgasen, herangegangen und habe mich dort eine Weile in ruhiger Bewegung aufgehalten, habe dort meinen Geist ausgerichtet und beobachtet. Das hat mich – für den Moment – befreit und erfrischt. Die Flucht in die Raststätte wäre kaum so effektiv gewesen. Auch war ich jetzt mental sehr gut vorbereitet auf meine bevorstehende Aufgabe. Durch die Meditation hatten sich kaum Gedanken des Unwillens, der Abneigung und der Zweifel einstellen können, die so oft vor Aufgaben in der Arbeitswelt auftreten wollen. Mein Geist war einfach weitgehend frei davon.

Dank eines Autobahnparkplatzes in der Mittagssonne.

Wocheneinkauf

Hinweis: Das folgende Beispiel bezieht sich auf die klassische Einkaufssituation der meisten Europäer im Supermarkt. Selbstverständlich lassen sich alle Beispiele meditativer Praxis genauso auf den Wochenmarkt, den türkischen Gemüsehändler oder den Bioladen beziehen. Nur weil wir ethisch bessere Einkaufsgewohnheiten zu entwickeln glauben, entwickeln wir noch keinen anderen oder gar „besseren“ Geist.

Der wöchentliche Großeinkauf für die Familie läuft in der Regel nach einer fest verankerten Routine ab. Da ist der vorbereitende Blick in den Kühlschrank, der Griff nach den Einkaufstaschen, der Weg zum Supermarkt, die Parkplatzsuche, die Suche nach der Münze für den Einkaufswagen und all diese gewohnten Wege und Handlungen. Diese eingeschliffenen Gewohnheiten sind nicht an sich negativ, unser Gehirn arbeitet ja hauptsächlich nach dem Prinzip der Effizienz – und die basiert auf Gewohnheiten. Aber wir verlieren uns leicht in diesen Routinehandlungen und es bilden sich mit ihnen zwangsläufig geistige Gewohnheiten heraus, die nicht immer gut für uns sind.

Der Einkauf ist an sich eine erfreuliche Angelegenheit. Ich kann in vollkommenem Frieden aus einem unglaublich reichhaltigen Angebot an Lebensmitteln und Haushaltswaren auswählen. Nichts fehlt. Alle Wünsche können befriedigt werden. Mein Wohlstand ist groß genug, um fast ohne Einschränkung nach Lust und Laune auszuwählen. Das Gebäude, die Parkplätze, die Lager, Gänge und Regale sind sinnvoll und zweckmäßig organisiert. Die Angestellten sind meistens freundlich und stehen für jede Auskunft zur Verfügung. Das sind die Tatsachen.

Unserem Verstand sind diese Tatsachen bekannt. Sie interessieren ihn deshalb nicht mehr. Er sucht nach Neuem – und gemeinsam mit den gewohnheitsmäßigen Handlungen des Körpers verliert er sich deshalb in einem hauptsächlichen Geistesinhalt: der Gier.

Wenn wir uns mit unseren Einkaufswagen in den Regalgängen bewegen, dann ist unser Blick fast nur auf die gesuchten Waren fixiert. Wir nehmen die anderen Menschen nur am Rande und oft als störend wahr, wenn sie wieder einmal genau vor dem Joghurt stehen bleiben, der uns nun gerade interessiert. Oder es blockieren uns zwei oder drei der sperrigen Einkaufswagen den Weg und wir ärgern uns über die Achtlosigkeit der anderen, weil wir nicht mehr ohne Hindernis von einem Ziel unserer Gier zum nächsten ziehen können. Am liebsten wäre unserem Verstand, der ganze Laden wäre leer und wir könnten allein schnell und reibungslos alle unsere Wünsche befriedigen. Das aber ist selten oder nie der Fall. Unser gieriger Geist zieht uns hinter sich her, wie einen Hund an der Leine. Und wenn wir endlich alle gewünschten Dinge in unserem Wagen haben, dann müssen wir auch noch an der Kasse Schlange stehen! Spätestens jetzt schlägt die Stimmung in Missmut um. Und so stehen wir missmutig in unserem Wohlstandsparadies, alle materiellen Wünsche befriedigt und dennoch auf rätselhafte Weise unglücklich.

The good news is: Es geht auch anders und es ist überhaupt nicht schwer.

Wie immer, so geht es auch hier zunächst nicht darum, etwas an unserem gierigen Geist zu ändern, sondern ihn lediglich zu beruhigen und zu betrachten. Dann kommt die Änderung ganz natürlich und ohne viel Mühe von selbst.

Der Einkauf ist eine körperlich aktive Sache – und so ist es nicht schwer, unser Gewahrsein immer wieder auf den Körper zu richten: Wenn meine Hand das kühle Metall des Kofferraums berührt, wenn mein Körper auf den weichen Autositz sinkt, wenn ich die muffige Wärme des Wageninneren rieche und spüre, dann bin ich bereits in Kontakt mit der

Realität und mein Geist beginnt sich zu beruhigen. Er bleibt bei den Sinneswahrnehmungen und hüpft nicht mehr ziellos und unbewusst von Gedanke zu Gedanke. Ich kann die Hand am Einkaufswagen spüren, kann das Rollgeräusch der Räder hören, als wäre es das erste und nicht das hundertste Mal. Im Geschäft selbst kann mir die routinemäßige Sicherheit des gewohnten Wegs auch eine Hilfe sein: Da ich genau weiß, was ich brauche und wo es zu finden ist, kann ich die wenigen Schritte von einem Punkt zum nächsten als eine Art Pause nutzen. Ich weiß zum Beispiel, dass ich als Erstes den Orangensaft nehme. Also brauche ich vom Eingang bis zum Orangensaft nichts weiter denken. Ich gehe die wenigen Schritte bewusst, spüre den Kontakt der Füße mit dem glatten Boden, spüre die Reibung der Haut an der Hose und gehe einfach zu meinem Orangensaft. Dort angekommen, nehme ich den Saft in den Wagen. Dies ist jetzt erledigt. Nun kommt das Nächste: die Zitronen. Ich habe drei Meter vom Saft zu den Zitronen und wieder kann ich – für wenige Sekunden nur – die Aufmerksamkeit auf den Körper richten, auf die wenigen Schritte, auf die Drehung des Körpers, um meinem Gang eine andere Richtung zu geben. Dann reiße ich eine Plastiktüte von der Rolle, höre das Reißgeräusch, spüre den Plastikstoff in den Händen, höre das Rascheln der Tüte, öffne sie und greife nach der ersten Zitrone. Ich spüre den Kontakt mit der Zitronenschale, prüfe ihre Qualität, lege sie in den Beutel.

Alle diese Handlungen müssen nicht in Zeitlupe ablaufen. Niemand sieht von außen, dass ich „meditativ einkaufe". Aber ich gönne meinem Verstand immer wieder kleine Pausen des bewussten Kontaktes mit dem, was ich hier sehe, höre, fühle, rieche, vielleicht auch schmecke – und mit dem, was mein Geist an Gedanken und Gefühlen produziert.

Vielleicht mag dies anstrengend klingen – so als ob wir in der ohnehin gestressten Einkaufssituation noch eine zusätzliche Aufgabe bekämen. Doch es geht um das Gegenteil! Es ist eine Entspannung des Geistes, eine sich häufig wiederholende sanfte Rückkehr in die Verankerung der Aufmerksamkeit im Körper, in den Sinneswahrnehmungen, aber auch in den Gedanken und Gefühlen. Der wahre Stress ist ja der, dass wir Körper- und Sinneswahrnehmungen, Gedanken und Gefühle aller Art in jedem Fall haben, während wir außerdem noch unter dem Diktat unseres unbewusst ablaufenden Gedankenstromes leben müssen. Dies alles zusammen, Verstandesherrschaft, Sinne, Gedanken, Gefühle – unkoordiniert und weitgehend unbewusst – ist wahrer Stress. Probieren Sie es aus: Sie werden sehen, wie leicht das Einkaufen wieder zu einer freudvollen Erfahrung werden kann – und Sie werden feststellen, dass Sie eine ganz neue Kreativität entwickeln, dass Sie klarer sehen, was Sie eigentlich wollen, und dass Sie außerdem noch weniger vergessen. Das ist die meditative Win-win-Situation: Sie bekommen nicht nur die gewünschten Lebensmittel, Sie bekommen das Leben noch gratis mit dazu.

Rückkehr in den Heimatort

Ich bin in einem sympathischen Städtchen ganz in der Nähe von Düsseldorf aufgewachsen. Im Alter von 25 Jahren habe ich Deutschland verlassen und seit rund 20 Jahren lebe ich nun nicht mehr dort. Jetzt besuche ich meine Heimat nicht mehr häufig; wenn es aber dennoch einmal geschieht, dann ist dies mit intensiven und gemischten Gefühlen verbunden. Ich kehre dann zurück zu den Straßen und Gebäuden, zu den Büschen und Bäumen meiner Kinder- und Jugendzeit, sehe manches Neue und viel Altes, und verspüre teilweise noch einmal die alten Empfindungen. Das ist die Vergangenheit in uns, das sind die Erinnerungen.

Keine persönliche Vergangenheit ist ausschließlich schön. Die persönlichen Erinnerungen sind zu einem bestimmten Teil auch schmerzhaft, bei nicht wenigen Personen ist dieser Anteil ziemlich groß.

Wenn ich heute durch die Fußgängerzone meines Heimatortes gehe, durch die wirklich schönen Wälder der Umgebung streife oder die Straße besuche, in der ich mit meinen Eltern gewohnt habe, dann gehe ich meditativ, mit einem wachen und offenen Geist. Dann gehe ich *nicht* in die Vergangenheit, ich gehe sehr bewusst in der Gegenwart, allerdings an einem Ort, der mir aus der Vergangenheit vertraut ist. Das ist ein Unterschied.

Hierfür sind entweder die „3 x 1" Gehmeditation oder das formlose meditative Gehen mit offener Verankerung geeignet. Im ersten Fall lenke ich meine Aufmerksamkeit wie beschrieben auf den Atem und auf die drei Schritte, die sich am Atem ausrichten. Das ist eine stabilere Verankerung als im Falle des formlosen meditativen Gehens. Und wenn wir uns der eigenen Vergangenheit stellen, dann kann Stabilität sehr hilfreich sein.

Der Kontakt meiner Sinne mit der jeweils gegebenen Gegenwart ist jedoch das, was mich frei machen kann von der Last der schönen oder weniger schönen Erinnerungen. Die Sonne auf der Haut spüren, Kinderstimmen hören, Küchengeruch riechen, einem Hundekothaufen ausweichen, Treppenstufen hinaufsteigen – das alles ist Gegenwart. Und je mehr ich mich dieser Gegenwart öffne, desto mehr verliert die Vergangenheit ihre Last, ihre Bedeutung, ihre drückende und teileweise erdrückende Eigenschaft, denn alles das: Last, Bedeutung, Druck sind Produkte meines Verstandes – nichts weiter. Die Realität hat selbst nichts Lastendes, sie hat Sonne, Küchengeruch, Hundekothaufen und Treppenstufen.

Ich kann bewusst Orte meiner Vergangenheit ansteuern, die mit schmerzhaften Erinnerungen verbunden sind, und kann mit diesen Orten und mit den Erinnerungen daran Frieden schließen. Dies geschieht nicht durch eine gedankliche Auseinandersetzung mit diesen Erinnerungen – es geschieht durch ein Ausrichten meines Geistes auf die Gegenwart, auf das Hier und das Jetzt. Ich brauche nicht direkt meine Erinnerungen loszulassen, ich kann einfach die permanente und meistens unbewusste Verstandestätigkeit weniger beachten, kann so den Verstand beruhigen, kann ihn „links liegen lassen", indem ich meinem Geist immer wieder erlaube, das Jetzt und Hier zu erspüren, zu riechen, zu sehen, zu hören und vielleicht zu schmecken.

Meine Vergangenheit war nicht schlecht. Oder besser: Nichts an meiner Vergangenheit war schlecht, denn alles, auch die Fehler, auch die Enttäuschungen, auch das Verlassenwerden, hat mich hierhergebracht, hat mich zu dem gemacht, was ich bin. Alles, was war, war nötig – sonst wäre ich jetzt so nicht hier. Diese Wahrheit können wir nicht wirklich mit dem Verstand durchdringen, aber sie kann sich uns erschließen, wenn wir den Geist auf die Gegenwart richten.

Durch das Leben im Hier und Jetzt kann ich sogar die Vergangenheit heilen – diesen Satz habe ich vor Jahren von Thich Nhat Hanh gehört und er hat mich ungeheuer fasziniert. Wenn ich die Vergangenheit heilen kann, dann kann ich ja Wunder vollbringen, dachte ich. Und tatsächlich vollzieht sich jedes Mal ein kleines Wunder, wenn wir in die Gegenwart gehen. Thich Nhat Hanh nennt es das Wunder der Achtsamkeit. Es kann uns nicht nur helfen, um die persönlichen Erinnerungen umzuwandeln in ein freudiges Bejahen des Jetzt. Dieses Wunder kann unser Mittel sein, unser Hauptinstrument, um Vergangenheit und Zukunft insgesamt zu relativieren, denn sie sind nichts als Gedanken. Unser Verstand jedoch liebt Vergangenheit und Zukunft, und wenn wir uns seiner Herrschaft unterwerfen, dann werden wir ein Leben in einem ungeordneten Sammelsurium von undeutlichen Zukunftsplänen und verschwommenen Erinnerungen führen. Das aber ist kein Leben, es ist Leiden. Das Leben liegt immer klar und einfach vor uns und wir haben fünf Sinne und einen Geist, um es jederzeit zu erfassen. Das Hier und Jetzt mit den Sinnen zu erfassen, ohne es zu analysieren, zu bewerten, zu beurteilen und in Gut und Böse zu zerlegen ist für unseren Verstand langweilig und uninteressant. Mehr noch: Er hält das für verdächtig und gefährlich, denn seine Macht schwindet jedes Mal ein bisschen, wenn wir seiner Urteilssucht nicht folgen und die Gegenwart direkt wahrnehmen. In der Gegenwart zu leben heißt, der Vergangenheit nur noch diesen einen Wert beizumessen: Sie hat mich hierhergebracht. Deshalb war sie gut. Sie war nicht immer angenehm und teilweise schmerzhaft – aber sie war notwendig und gut. Diese Bewertung, dieses Urteil sei das letzte Zugeständnis an den Verstand im Umgang mit der Vergangenheit, damit er uns in Ruhe lässt und wir uns mit unseren Sinnen wieder der Gegenwart zuwenden können: der Sonne, dem Küchengeruch, dem Hundekothaufen und den Treppenstufen an einem Ort, der mir aus der Vergangenheit vertraut ist. Nicht mehr und nicht weniger.

Kfz-Zulassungsstelle

Behörden gehören zu meinen bevorzugten Meditationszentren. Sie sind geradezu wie für die Meditation gemacht. Die Bürokorridore, die Aufzüge, die Warteräume, die Schalter, das Schlangestehen oder das Warten, bis die gezogene Nummer aufgerufen wird – alles das sind hervorragende Bedingungen, um den Geist auf die Gegenwart zu richten. Diese Situationen sind Geschenke des Lebens an uns, nur unser Verstand lehnt sie als uninteressant und unwichtig ab. Ihn interessiert das Jetzt fast nie, ihn interessiert die Zukunft, denn die kann er denken. Das Leben findet aber nur im Jetzt statt.

Es ist nicht schwer, beim Eintreten in das Gebäude zu entscheiden, dass ich ab jetzt und bis zum erneuten Heraustreten jeden Schritt bewusst tun werde. Ich habe meine Unterlagen vorbereitet, ich kenne die Sachlage, ich weiß, was ich zu erbitten, abstempeln zu lassen oder abzugeben habe. Somit kann ich mich entspannen, es geht um Formalitäten.

Der Eintritt in das Gebäude geschieht durch das Aufdrücken einer großen Glastür. Ich spüre das Gewicht der Tür, spüre die Kälte des großen Metallgriffes. Dann berührt mein Fuß eine große weiche Gummimatte direkt hinter der Eingangstür, auf der die zwei ersten federnden Schritte sich etwas unsicher anfühlen. Danach findet der Fuß Halt auf dem glatten grauen Fliesenboden, auf dem die Schritte nachklingen. Ich höre das Geräusch der Schuhabsätze, merke, wie mein Gang geschäftig und eilig werden will und bremse etwas ab, denn ein eiliger Gang würde sich nicht günstig auf einen entspannten Geist auswirken.

Zunächst muss ich an einem Informationsschalter erfragen, wohin genau ich zu gehen habe. Dort angekommen, habe ich zu warten, weil bereits eine Dame dort steht. Ich halte an, stehe, spüre meinen Körper im Stand, spüre den noch leicht beschleunigten Atem, spüre die Arme, die am Körper hinabhängen, während die linke Hand die Dokumentenmappe hält. Als die Dame vor mir fertig ist und sich zur Seite bewegt, rücke ich nicht sofort nach, sondern lasse einige Sekunden verstreichen, um der leichten Ungeduld in mir Gelegenheit zu geben, abzuklingen. Dann stelle ich meine Frage, erhalte meine Auskunft und setze mich wieder in Bewegung. Wieder richte ich meine Aufmerksamkeit auf die Schritte, auf dem Bodenkontakt, höre, spüre, sehe und rieche diesen Korridor, sehe, was zu sehen ist, bin wach und entspannt an diesem Ort, weil dieser Ort jetzt mein Leben ist, voll und ganz. Ich will hier nicht möglichst schnell wieder raus, ich will hier eine Weile sein, so lange wie es nun einmal erforderlich ist. Und in dieser Zeit werde ich ganz hier sein, hier und jetzt.

Am Schalter angelangt, ziehe ich mein Nümmerchen, präge es mir ein, stecke es in die Hosentasche. Nun kann ich entweder im Stehen warten oder langsam auf und ab gehen, in einer „3 x 1" Gehmeditation oder in einem Gang ähnlich wie beim Kinhin. In diesen beiden Fällen richte ich meine Konzentration auf den Atem, folge ihm mit den Schritten, halte angesichts der Situation und der Umgebung meinen Blick aufrecht, begegne mit einem Lächeln den Blicken anderer, schaue von Zeit zu Zeit auf die Nummerntafel, um meinen Moment nicht zu verpassen. Ich warte wie die anderen, doch ich warte „weniger". Warten bedeutet normalerweise, dass der Verstand die gegenwärtige Situation permanent ablehnt, weil er in die zukünftige Situation gelangen will. Das aber ist klinischer Wahnsinn, weil es nach der jetzigen Situation ja immer eine neue zukünftige Situation geben wird. Wenn ich den Schalter endlich erreiche, bin ich damit nicht glücklich und zufrieden, sondern es beginnt nun die Bearbeitung meines Vorgangs, von der ich dringend wünsche, dass sie bald endet, damit ich nach Hause fahren kann. Wenn ich dann fahre, möchte ich, dass die Fahrt endet, damit ich ankomme. Wenn ich ankomme, muss ich die Spülmaschine ausräumen, was aber bitte schnell beendet sein sollte, weil ich dann ...

Ich kann also nie in die zukünftige Situation gelangen. Dies aber will unser Verstand, den wir doch für so sehr logisch und rational halten, nicht wahrhaben. Wenn ich mich nicht von der Diktatur des unkontrolliert ablaufenden Verstandes befreie, kann dies bedeuten, dass ich weiter und weiter un-aufhörlich die Gegenwart ablehnen muss, in dem verzwei-felten Versuch, dorthin zu gelangen, wo ich nie hingelangen kann, während ich weiter das ablehne, was immer mein Le-ben war und weiter sein wird: das Jetzt.

Durch das Auf- und Abgehen warte ich nicht nur, ich bin auch im gegenwärtigen Moment, bin bei meinen Körper-empfindungen und beim Atem.

Viele Menschen haben in Situationen des Wartens eine na-türliche Neigung, auf und ab zu gehen. Leider ist dies meis-tens Ausdruck ihrer inneren Unruhe und Ungeduld. Wie einfach wäre es, dasselbe zu tun, nur mit einem anderen geistigen Ansatz: mit liebevoller Betrachtung der Sinnes-wahrnehmungen, der Gedanken und Gefühle, ohne daran festzuhalten. So leicht würde sich das nervöse Hin- und Hergehen in ein meditatives Gehen verwandeln, das sofort helfen könnte, die Ablehnung der Gegenwart zu beenden, dieses verzweifelte Streben in eine nie erreichbare Zukunft zumindest gelegentlich aufzugeben und im Leben selbst anzukommen oder zumindest ab und zu dort eine Pause zu machen. Es wäre so leicht! Nun, vielleicht trägt dieses Buch ja dazu bei, dass es mehr und mehr geschieht.

Strand

Ein See- oder Meeresufer lädt fast jeden zum Auf-und-ab-Spazieren ein. Schade ist aber auch hier, dass dies praktisch immer geschieht, während uns Dutzende von Sinneswahr-nehmungen, Gedanken und Emotionen ungeordnet im

Kopf umherschwirren, die unsere momentane Stimmung erzeugen und insgesamt einen viel stärkeren Einfluss auf unser Befinden haben, als wir uns klarmachen. Diese ungeordneten Gedanken nämlich, die scheinbar harmlos und vollständig gewöhnlich erscheinen, weil sie schon immer da waren, bestimmen unser Selbstbild, unser positives oder negatives Ego. Sie können die Grundlage bilden für alles, was dann noch an Bewusstheit folgt, und somit einen bestimmenden Einfluss auf unser Leben haben. Bestimmt werden wir dann von einem chaotischen Wust aus Halbsätzen, Erinnerungsfetzen, Bruchstücken von Selbstgesprächen, verinnerlichten Spruchweisheiten, unsinnigen Urteilen, unklaren Befürchtungen, Wunschträumen und sonstigem Gedankenabfall, der nur noch ergänzt wird von unseren vergleichsweise wenigen bewussten Gedanken.

Wollen wir das?

Es wäre wieder so einfach: Die Wasserlinie am Ufer bildet ein ideales Band, um – vielleicht barfuß – daran entlangzugehen, was auch viele tun, allerdings praktisch ausschließlich im lauten oder leisen Gespräch mit sich oder anderen. Dieses Gespräch führen wir nicht.

Auch in uns denkt es, doch wir gehen diesem Denken nicht nach – das ist der Unterschied. Wir legen dieses Denken behutsam beiseite und richten stattdessen unseren Geist auf die Sinneswahrnehmungen: auf den Fuß, der teilweise vom Wasser umspült Sand oder Steine, Felsen, Schlamm oder Wiese berührt, auf einen Stock tritt, eine Alge berührt. Das sind vielfältige Sinnesempfindungen, ich kann mich bei jedem Schritt von den Sinnen überraschen lassen und den

Boden lesen wie ein Buch, indem ich nicht hinsehe und nur erspüre, ob mein Fuß im Trockenen oder im Wasser ist, welchen Boden er berührt und wie dies den Schritt beeinflusst, der sich verlangsamt, wenn der Fuß an einer feuchten Stelle einsinkt, oder der den Schritt leichter ausführt, wenn eine trockene Stelle überraschend Halt gibt.

Hinzu kommen auch hier die Sonnenwärme oder der Wind auf der Haut, das Licht oder der Schatten, das Plätschern oder Rauschen des Wassers, Kinderstimmen, Boote, ein Motorflugzeug über uns am Himmel – alles dies ein Geschenk der Welt an mich, hier und jetzt. Alles dies eine einzige Aufforderung zu erwachen. Alles dies eine Sammlung an Hilfsmitteln, um meinen Geist zu befreien von den Fesseln des Verstandes, von den Illusionen des Ego, die durch unkontrolliertes Denken, durch Unbewusstheit am Leben erhalten werden.

Wie nah liegt uns oft die Befreiung! Wie einfach wäre es in vielen Momenten, uns zu erleuchten und zu erlösen – für einen Moment nur, aber vielleicht ja auch wenigstens zum Teil im folgenden Moment, und im dann folgenden und im nächstfolgenden. Denn die Hilfsmittel bleiben zu meiner Verfügung: Die Sonne scheint, der Wind weht und das Wasser plätschert.

Doch auch hier am Ufer wird nicht alles angenehm sein. Ein zu lautes Motorboot, ein unaufhörlich quengelndes Kind, ein unachtsamer Rempler seitens eines Entgegenkommenden, Abfall im Wasser – unser Verstand wird wie immer genug finden, was er bewerten und beurteilen kann. Auch ist die Bewertung und Verurteilung nicht immer falsch und wir sollten uns davor hüten, nun die Bewertung zu bewerten und die Verurteilung zu verurteilen.

Wir nehmen einfach die Regungen unseres Geistes mit einem Lächeln wahr und gehen ihnen nicht nach. Danach kehrt unsere Aufmerksamkeit zurück zum Fuß, zum Wasser, zum Boden, zu den Sinneswahrnehmungen. Der Gedanke kehrt jedoch ebenfalls bald zurück und wieder lassen wir ihn mit liebevoller Nachsicht bei uns ankommen, ohne uns mit ihm zu beschäftigen. Das wird ihn langweilen und er wird uns nach einiger Zeit verlassen. Dieses Pingpong-Spiel, bei dem wir immer wieder von unserer Konzentration auf den Fuß, den Boden und die Sinne abgelenkt werden, um immer neu zurückzukehren, ist kein innerer Kampf, ist keine Sisyphusarbeit; es ist – mit etwas Übung – nach einiger Zeit eine zeitweilige Befreiung ohne große Mühe und Aufwand, eine Erholung, denn unser Geist kehrt dabei zurück in seinen Naturzustand entspannter Gegenwartswahrnehmung. Probieren Sie es aus und genießen Sie es an einem See-, Fluss- oder Meeresufer ihrer Wahl. Und halten Sie dort auch einen Moment in Dankbarkeit inne – es muss eine sehr liebevolle universale Intelligenz sein, die uns alles dies zu unserer Befreiung bietet. Wir müssen sie nicht Gott nennen – aber wir können dankbar sein.

Verspätung am Flughafen

Die erwähnte universale Intelligenz bietet uns aber nicht nur einen schönen Sonntagnachmittag am Seeufer, sie bietet uns *immer* und in jeder Situation genau das, was wir in diesem speziellen Moment brauchen.

Was also bleibt uns zu tun? Nun, wir sollten einfach vertrauensvoll annehmen, was uns jeweils geboten wird – es ist ja das, was wir jetzt brauchen, auch wenn wir zunächst nur selten verstehen werden, warum wir diese jeweilige Situation brauchen sollten. Aber „Verstehen" sollte uns nicht zu sehr beschäftigen. Das „Verstehen" steht der Befreiung vom Leiden oft mehr im Wege, als dass es helfen könnte. Ja, das „Verstehen" ist nicht selten das Leiden selbst, denn mit ihm kommen leicht Ablehnung, Verlangen oder Verwirrung. Wahres Verstehen geht viel tiefer als das gedankliche Erfassen einer logischen Abfolge. Und dieses wahre Verstehen beginnt im Körper, nicht primär im Gehirn.

So ist eine Wartezeit durch Verspätung am Flughafen oder am Bahnhof geschenkte Zeit: Zeit für uns, Zeit ohne Pflicht und Ergebnis, wahre Lebenszeit und deshalb eine wunderbare Gabe an uns.

Ich will nicht leugnen, dass wir die Begleitumstände zunächst als unangenehm wahrnehmen, und dagegen ist auch nichts zu sagen. Deshalb brauchen wir eine Technik, ein Instrumentarium, eine geübte und bewährte Vorgehensweise, um unserem Verstand liebevoll die alleinige Steuerung abzunehmen und unseren Geist sanft in den gegenwärtigen Moment zu bringen, wo er bald erkennen wird: Es ist meis-

tens wenig wirklich unangenehm an der zusätzlichen Wartezeit, das einzige Problem ist – wieder einmal – mein innerer
Widerstand gegen die Situation, sonst nichts.

In der Abflughalle des Flughafens Mailand Malpensa ist es
warm. Die Sonne beheizt den Glasbau wie ein Treibhaus
und die Klimaanlage scheint nicht oder nur schlecht zu arbeiten. Der Abflug nach Israel ist verspätet – um mehrere
Stunden, da die erwartete ankommende Maschine auf einen
anderen Flughafen umgeleitet werden musste. Die Flugge-
sellschaft bittet per Durchsage um Geduld, jeder bekommt
zum Trost einen Gutschein für einen Imbiss am Pizzastand.
Die Halle ist voller Menschen, Sitzplätze sind knapp, viele
müssen stehen, andere machen es sich auf ihrem Gepäck
oder auf dem Boden bequem.

Nach einer Weile gebe ich meinen kostbaren Sitzplatz auf
und mache einer vor mir stehenden Dame eine Freude, indem ich ihr den Platz anbiete. Dann beginne ich, in einer
„3 x 1" Gehmeditation durch die Wartehalle zu gehen. Während ich meine Aufmerksamkeit auf die drei Schritte pro
Atemzug richte, wird mir der Lärm in der Halle bewusst. Es
sind mehrere Hundert Menschen, die hier warten, mitein-
ander reden, teilweise über die Situation schimpfen. Kinder
rennen umher, rufen und lachen. Lautsprecherdurchsagen
und Fernseher in allen Ecken mit Nachrichten und Werbung
vervollständigen die Klangkulisse. Das langsame Gehen
bewirkt, dass ich mich gewissen Klangquellen nähere und
mich von anderen entferne: Ich höre deutlich hier einen Ge-
sprächsfetzen, bin dann in der Nähe eines Fernsehers, höre
einen Teil eines Werbespots, der langsam hinter mir leiser

zu werden scheint, stehe dann direkt unter einem Lautsprecher, aus dem ein Flug aufgerufen wird, komme in die Nähe des Pizzastandes und dann in eine weniger besetzte Ecke der Halle, in der es vergleichsweise ruhig ist. Es ist ein Schreiten durch eine vielfältige Klangwelt – und es ist eine Reise durch meinen Geist, denn alle Klänge bewirken ein unangenehmes oder angenehmes Gefühl in mir und oft Gedanken oder Emotionen, wie zum Beispiel Erstaunen, Ablehnung, Unverständnis und Unwillen einerseits oder Erheiterung, Entspannung, Mitgefühl und sogar Freude andererseits.

Wenn wir uns in einer lauten Umgebung befinden, dann ist es zunächst hilfreich, den Widerstand gegen den Lärm aufzugeben und uns dem Klang zu öffnen, der nun einmal so präsent ist. Ist dies zum Teil gelungen, dann ist es nicht schwer, uns zu konzentrieren, denn mit dem vorherrschenden Klang haben wir einen stabilen Ankerpunkt für unsere Aufmerksamkeit. Allerdings wird der Klang immer auch etwas in uns auslösen: Gefühle, Gedanken, Urteile, Bewertungen. Hier ist es sinnvoll, zu unterscheiden zwischen der reinen Wahrnehmung des Klanges (erster Schritt), die bereits angenehm oder unangenehm sein wird, und dem, was unser Geist meistens daraus macht (zweiter Schritt), was wahrscheinlich auch nicht positiv ist, da wir uns ja grundsätzlich von dem Lärm „gestört fühlen".

Es ist nicht schwierig, den ersten Schritt zu tun und die Wahrnehmung, hier Hörwahrnehmung, als „nur unangenehm und nichts weiter" zu entschärfen. Dann können wir uns mit Interesse und Nachsicht den Gedanken und Gefühlen zuwenden, die diese Hörwahrnehmung in uns auslöst.

Vielleicht wird durch die liebevolle Beobachtung dieser zweiten Ebene auch ein Loslassen des Widerwillens möglich, eine befreiende Distanz zumindest von den eigenen Gedanken und Gefühlen, geschaffen durch reine Beobachtung und *nicht* durch Urteil und Intervention. Wer weiß?

In der Wartehalle jedenfalls werde ich mit jedem Schritt ein bisschen ruhiger und friedlicher. Die Sinneswahrnehmungen von Enge, Wärme, Lärm, Unruhe und Unzufriedenheit in den Gesichtern vieler Menschen dominieren mich nicht mehr mit den von ihnen ausgelösten unangenehmen Gefühlen. Sie sind noch immer da, aber die Machtverhältnisse haben sich umgekehrt: Diese Wahrnehmungen und die daraus folgenden Gedanken und Gefühle kontrollieren mich nicht, doch auch ich kontrolliere sie nicht. Ich beobachte sie liebevoll und mit Geduld, denn keines dieser Gefühle, fast keiner dieser Gedanken ist an sich falsch oder schlecht. Es stellt sich nur die Frage: Muss ich mich ihnen unterwerfen?

Nein. Ich muss es nicht. Ich kenne einen Ausweg. Er besteht in einem Atemzug und drei Schritten. Und dann in einem nächsten Atemzug und drei weiteren Schritten. Auf diese Weise vergehen die Minuten und Stunden. Ich warte nicht, ich lebe. Ich gehe einfach, solange wie es hier geboten ist. Und ich danke für das wunderbare Geschenk, das mir das Leben gemacht hat, weil ich genau dies offenbar jetzt und hier brauchte.

Pause

Mittag in dem Städtchen Segrate bei Mailand. Die Angestellten der Versicherungsgesellschaft verlassen das Bürogebäude und steuern ihre Autos oder eines der zwei Lokale auf dem Gelände an, um sich zum Mittagessen zu begeben. Auch ich habe endlich Pause, nach einigen Stunden harter Dolmetscherarbeit in deutsch-italienischen Besprechungen am Vormittag.

Mein Geist ist wie so oft nach diesen Einsätzen erschöpft und verwirrt. Daraus folgt eine leichte Verstimmung und Übellaunigkeit.

Auch ich verlasse das Gebäude, gehe aber wie wenige andere in Richtung eines Parks, der nicht weit hinter der anderen Straßenseite jenseits eines Parkplatzes liegt.

Dort beginne ich meinen meditativen Pausengang. Mein ermüdeter Geist braucht jetzt wirklich eine Pause, deshalb zwinge ich ihn zunächst nicht zur Einhaltung einer bestimmten Meditationsform mit fester Konzentration auf den Atem oder die Schritte. Es ist ein freies und gelöstes langsames Schreiten mit offener Verankerung der Aufmerksamkeit bei den Sinneswahrnehmungen.

Der Park ist um diese Zeit wenig besucht. Einzelne Radfahrer, hier und da jemand mit seinem Hund, wenige andere Angestellte in der Mittagspause auf Bänken sitzend – mehr ist nicht los. Der Himmel ist bedeckt, aber es ist trocken und mild, ein erfrischender Wind fährt gelegentlich durch die Bäume und unter meine Anzugjacke.

Es ist eine einfache Entscheidung: Nein zu ungeordnetem Gedankenchaos und Ja zur Gegenwart. Und wie ist die Gegenwart erlebbar? Sie wissen es schon: mit den Augen, den Ohren, der Nase, dem Mund, der Haut und mit einem wachen und offenen Geist. Gedanken stellen sich natürlich ein, Gefühle sind schon präsent, wie die oben genannte Verstimmung, doch alles das darf sein und muss nicht vorherrschend sein. Ja, es kann sogar unwichtig werden, wie eine Stimme, die im Hintergrund weiterspricht, obwohl niemand ihr wirklich zuhört.

Die Bewegung der Beine, der Kontakt mit dem Boden, die Sinneswahrnehmungen, die einfache Feststellung: Hier ist jetzt Ärger, hier ist jetzt Erschöpfung, das ist ein bisschen Freude – alles das ist Gegenwart, ist Präsentsein, ist Leben und ist wirkliches Sicherholen. Und das ist ja der Sinn einer Pause.

Nach einiger Zeit setze ich mich auf eine Parkbank, um noch ein wenig mehr zur Ruhe zu kommen. Ich konzentriere mich auf meine Atmung, die ich nicht beeinflusse oder verändere, sondern nur an einem Punkt beobachte: der Bewegung des Bauches bei der Ein- und Ausatmung. Ich schließe kurz die Augen und verstärke so die reine Konzentration auf die Bauchbewegung und die Atmung. Wenn ich ein Geräusch höre, wenn ich wahrnehme, dass jemand sich nähert, öffne ich die Augen wieder, ohne den Kopf zu drehen. So kann ich sehen, wer kommt, so kann ich sicher sein, dass ich nicht zu absonderlich erscheine, und kann doch vermeiden, dass mein Geist durch das Hinschauen aktiv nach dem Neuen sucht. Nach einigen Minuten spüre ich, dass ich mich tatsächlich stärker beruhigt habe. Ich bin nun in der Pause angekommen.

Jetzt erhebe ich mich wieder und vertiefe die Konzentration noch etwas, indem ich nun doch eine „formellere" Variante der Gehmediation wähle und meine Schritte im „3 x 1" Rhythmus auf den Atem abstimme. Diese Gehbewegung kommt mir nun nicht mehr so langsam vor, wie es noch vor einigen Minuten der Fall gewesen wäre, da ich durch das Sitzen und Atmen das Tempo aus meinen Bewegungen genommen habe.

Die etwas stärkere Konzentration der „3 x 1" Gehmeditation ermöglicht mir nun, Gedankenfetzen, die sich einschleichen wollen, früher zu erkennen und ihnen liebevoll mit meiner Konzentration auf den Gehrhythmus zu begegnen. Jetzt erlangt der Geist noch mehr Zugang zur Gegenwart, jetzt ist er noch ein Stück freier von ungeordnetem Gedankenchaos.

Nun lasse ich abschließend noch ein Element möglichst langsamer Bewegung oder von Stillstand folgen – je nachdem, was in der Situation angemessen ist. Wenn es mir nicht unangenehm ist, kann ich mit einem Kinhin (1 Schritt pro Atemzug, Schritt auf Atmung ausgerichtet, nicht umgekehrt) oder sogar mit der ganz langsamen Vipassana-Gehmeditation diesen kurzen Erholungszyklus abschließen. Da diese sehr langsamen Bewegungen in einer Mittagspause in einem Park zwischen Bürogebäuden in den Augen anderer jedoch eigenartig erscheinen können (und wenn es Kollegen sind, dann sind das ja Leute, von denen ich noch ernstgenommen werden will, und zwar auch ohne lange Erläuterungen meiner Meditationsgewohnheiten), gibt es eine weitere weniger auffällige Variante: Stehen. Ich bleibe einige Zeit bewusst stehen und lenke nun mein Gewahrsein auf das Gefühl des Stehens, des Stillstandes, des Nicht-mehr-Gehens.

Ich muss dabei keineswegs erstarren, sondern kann meine Haltung auch nach einigen Sekunden verändern. Ich sollte aber entscheiden, dass ich etwas verändere, sollte wissen, was ich verändere, und vielleicht auch noch warum (um eine bequemere Haltung zu bekommen, weil ein Körperteil schmerzt – das reicht als Erklärung in der Regel , ich sollte sie mir jedoch geben).

So stehe ich also in meinem Park, im leichten Wind, in der Pause an einem normalen Werktag, kurz bevor ich zurück-kehre, um noch etwas zu essen und um meine Arbeit wieder aufzunehmen.

Dieser Ablauf ist nur ein Beispiel, das Sie individuell anpas-sen sollten. Die Situation der Mittagspause an einem Ar-beitstag sollte uns jedoch in jedem Fall aus der Bewegung, aus der Hetze, aus dem Zeitdruck und aus der Geschwindig-keit immer mehr in die Ruhe, in die Langsamkeit, sogar kurz in den Stillstand oder in sehr bewusste und sehr langsame Bewegungen führen, bevor wir wieder zurückkehren in die „normalen" Bewegungen und in die Arbeit selbst. Wir kön-nen dabei die verschiedenen Formen der Gehmeditation je nach Situation frei kombinieren. Wir erreichen dabei über unseren Körper unseren Geist und haben die Chance, einige Minuten ganz in den gegenwärtigen Moment zurückzukeh-ren. Dies ist dann eine Pause, die funktioniert und die ihren Namen verdient. Wir werden sicher erholt und mit etwas mehr Freude als gewöhnlich zu unseren Arbeiten zurück-kehren.

Krebsstation

Eine Krebsdiagnose in der Familie. Frühstadium. Noch ist es nicht zu spät. Also auf nach Duisburg, in eine spezialisierte Klinik, Beistand ist gefordert.

Es folgen Tage des Wartens, der Untersuchungen, der Angst, des Sich-Mut-Machens. Tage verbracht auf Krankenhauskorridoren, im Krankenzimmer, in der Cafeteria, im Nahverkehrszug auf dem morgendlichen Hinweg und dem abendlichen Rückweg.

Welch ein Horrortrip kann eine solche Zeit werden, wenn wir keine Instrumente zur Hand haben, um unseren Geist zu konzentrieren und zu beruhigen, um unserem Verstand nicht zu erlauben, sich immer wieder das Schlimmste auszumalen, dahinzuvegetieren in einem Zustand ohnmächtiger Angst!

Aber es gibt diese Instrumente und meine Frau und ich haben sie genutzt.

Mit dem oder der Kranken selbst kann man wunderbar Gehmeditation auf dem Korridor üben, denn niemand wundert sich in einem Krankenhaus darüber, wenn Patienten langsam oder sehr langsam gehen. Man kann sich dabei – im Unterschied zu „draußen" – nach Herzenslust stützen, den Arm halten, die Hand reichen und gemeinsam praktizieren. Wichtig ist nur, dass man seine Konzentration klar auf etwas ausrichtet, wie zum Beispiel:

- die Fuß- und Beinbewegung (langsame Vipassana-Gehmeditation)

- die Atmung (Kinhin und 3 x 1)

- allgemein die Sinneswahrnehmungen, Gedanken und/oder Gefühle – offene Verankerung, je nachdem, was vorherrschend ist (meditatives Gehen).

Es geht dabei nicht nur direkt um den kranken Menschen. Es geht vor allem um uns Angehörige selbst, die wir gekommen sind, um zu unterstützen und zu helfen. Wie aber können wir helfen, wenn wir selbst voller Angst und Sorge sind, wenn wir den Aufenthalt im Krankenhaus unangenehm finden und innerlich ablehnen?

Zunächst haben meine Frau und ich festgestellt, dass es für uns und den Kranken hilfreich war, die Situation immer wieder etwas zu verändern. Was sollen wir stundenlang am Bett sitzen? So sind wir also in die Cafeteria, zu dem kleinen Laden, zum Eingangsbereich, in den Garten des Krankenhauses, auf den Parkplatz oder einfach zum Ende des Korridors gegangen. Das ist nichts Ungewöhnliches, viele Kranke und Besucher beschäftigen sich mit diesen kleinen Ausflügen. Für uns aber waren diese Wege eine Gelegenheit, die Konzentration auf die Schritte zu richten, auf den Atem, auf den Körper, auf die Sinneswahrnehmungen. Dies waren unsere Krankenhausmeditationen.

Es geht dabei keineswegs um irgendeine Form der Ablenkung, es geht genau um das Gegenteil. Durch diesen meditativen Kontakt mit der Gegenwart konnten wir ohne zu viele innerliche Störsendungen durch sinnlose Gedanken und Bewertungen wahrnehmen, wo wir wirklich waren. Wir waren an einem Ort des Leidens, keine Frage, eine Krebsstation ist kein Vergnügungspark. Aber wir waren auch an einem Ort, an dem medizinisches Wissen, Erfahrung mit Heilverfahren, hilfreiche Technik und Medikamente in hohem bis höchstem Grad versammelt waren. Um uns herum bewegten sich Ärzte und Pfleger, die viele Jahre ausgebildet worden waren, die in ihrer Aus- und Weiterbildung wiederum auf das medizinische Wissen und die Erfahrung vorheriger Generationen zurückgriffen. In gewissem Sinne war das gesamte Heilwissen der Menschheit an seinem bisherigen höchsten Entwicklungspunkt um uns herum vorhanden und zu unserer Verfügung. War das nicht eigentlich fantastisch?

Mit dieser Gegenwärtigkeit des Geistes kam eine Dankbarkeit, jetzt und hier am genau richtigen Ort zu sein, um die Krebserkrankung unseres lieben Menschen behandeln zu lassen. Wir konnten darauf vertrauen, dass hier – im Rahmen menschlicher Fehlbarkeit – ziemlich genau das Richtige und das Notwendige gemacht werden würde. Und mit dieser Dankbarkeit kam fast so etwas wie Freude auf, vor allem wenn wir sahen, dass die Profis dieses schwierigen und wichtigen Geschäftes immer wieder untereinander und mit den Patienten scherzten, lächelten, uns und anderen freundlich und offen ins Gesicht sahen, was nicht ausnahmslos, aber doch häufig der Fall war.

Wir können uns in diesen Situationen durch den bewussten Kontakt zur Realität darüber klar werden, dass wir nie ohnmächtig sind. Im Gegenteil: Es hängt alles von uns ab. Wir mögen nur die Besucher sein, die Angehörigen, die nicht direkt einwirken können, so wie die Ärzte, die Pfleger, die Physiotherapeuten, die Psychologen und schließlich die

Kranken selbst es können, doch wir können Dankbarkeit, Offenheit und Freundlichkeit ausstrahlen und so die Gesamtsituation, die Stimmung aller Beteiligten, die gesamte Energie des ablaufenden Heilprozesses erheblich, ja vielleicht entscheidend, beeinflussen.

Wie viel wir wirklich im Einzelfall beeinflussen, können wir nicht wissen und es ist auch unwichtig. Es ist nicht unser Ziel, etwas aktiv zu beeinflussen, wenn wir Gehmeditation auf einem Krankenhauskorridor üben. Meditation hat kein Ziel. „Es gibt keinen Weg zum Glück, Glück ist der Weg", soll Buddha gesagt haben.

Wir haben aber eine große Chance in diesen schwierigen Situationen. Wir können entscheiden, ob wir wach, offen, freundlich und geduldig sein wollen oder ob wir uns in einer abscheulichen Mischung aus Angst, Widerwillen und Langeweile verlieren wollen. Wir haben die Wahl und es ist nicht schwer: Einige bewusste Schritte mit Konzentration auf den Körper und die Sinneswahrnehmungen helfen bereits – und sie helfen sofort! Krank werden, altern, sterben – das alles ist unvermeidlich und es ist Leiden. Wir können das nicht vermeiden, doch es liegt an uns, wie wir diesen Tatsachen begegnen. Diese Macht haben wir.

Schule

Ein Gesprächstermin mit Lehrern meiner Söhne ist kein schöner Termin. Meistens ist der Anlass unerfreulich, in der Regel handelt es sich um schlechte schulische Leistungen oder Ähnliches, aber das ist nicht das Hauptproblem. Das Hauptproblem besteht darin, dass ich wieder zum Kind werde.

Das Gebäude, die Gänge, der Geruch nach Schule, die Tische und die daraufgestellten Stühle – alles ist so, wie ich es von damals kenne. Mein Geist hat es nicht leicht, hier zwischen Vergangenheit und Gegenwart zu unterscheiden. Die alten Ängste kommen wieder hoch, sie werden einfach von den Sinneseindrücken, dem Geruch, der Akustik, dem optischen Eindruck hervorgeholt. Ich kann dagegen wenig oder nichts tun. Man nennt dies in der Forschung „Reptiliengehirn"; es ist ein Teil unseres Geistes, der auf einfachste Impulse in konditionierter Weise reagiert. Wenn wir im Dunkeln durch einen Wald oder Park gehen und es raschelt im Gebüsch, dann haben wir alle Angst. Es ist ein seit unermesslichen Zeiten in uns konditionierter Impuls auf einen Reiz: mögliche Gefahr – Angst – Reaktion.

Ja, es geht auch hier um Angst. Jeder erlebt die Schulzeit anders, manche denken gern daran zurück, ich nicht. Für mich war es eine Zeit der Angst und des Leidens.

Angst ist immer eine Angst vor einer realen oder eingebildeten Bedrohung. Einer Bedrohung können wir mit zwei möglichen Reaktionen begegnen: Flucht oder Kampf. Nachdem wir das Rascheln im Busch gehört haben, gehen wir normalerweise etwas schneller. Im Gespräch mit den Lehrern wird jedoch weder das eine noch das andere hilfreich sein.

Ich kann der anfänglichen Konditionierung nicht entgehen, aber ich kann alles beeinflussen, was folgt. Und das ist nicht schwer: Zunächst kann ich den Geruch, die Akustik der Gänge und Klassenräume, den optischen Eindruck des Schulgebäudes von außen und innen einen Moment lang bewusst wahrnehmen. Sicher ist es hilfreich, dafür innezuhalten, kurz stehen zu bleiben. Ich betrete also das Gebäude und bleibe hinter der Tür einen Moment stehen. Ich nehme Kontakt auf zu meinem Atem, dies gelingt mir am besten in der Bauchgegend unter dem Nabel. Dann setze ich meinen Weg fort. Aber ich gestatte meinem Geist nicht, wieder abzutauchen ins Unbewusste, Unklare und Unbestimmte, in dem das Reptiliengehirn die Führung sofort gern wieder übernehmen würde. Ich bleibe einfach in Kontakt mit – Sie wissen es schon – meinen Schritten, der Beinbewegung, der Beschaffenheit des Bodens, dem Klang der Absätze auf den Fliesen und dem Sonnenlicht, das vielleicht durch eines der Fenster hereinkommt und mich kurz eine angenehme Wärme auf der Haut spüren lässt. Sonderbarerweise wird diese Art der Kontaktaufnahme mit dem Jetzt oft als Träumerei betrachtet, als eine Art mentale Zeitverschwendung. Doch es ist das Gegenteil: Es ist ein kleines Erwachen, eine direkte Wahrnehmung der Realität.

Nur diese direkte Wahrnehmung der Realität kann mir helfen zu erkennen, was wirklich geschieht.

Ich bin nicht das Kind, das in seine Schule und in seine Schulzeit zurückkehrt. Es mag hier ähnlich riechen und aussehen, aber es ist eine andere Schule und es sind andere Lehrer, es ist eine andere Zeit und ich bin hier nur ein Besucher für eine Stunde, der eine konkrete Frage zu klären hat und dann wieder geht. Meine Emotionen basieren auf Erinnerungen und Konditionierungen, sie sind nicht falsch oder schlecht, sie haben ihre Ursachen und Gründe, doch sie sind hier nicht hilfreich. Weder Flucht noch Kampf sind angemessen – angemessen ist eine freundliche Offenheit, ein wacher Geist, ein friedliches Herz und vielleicht ein bisschen Weisheit, die lauten könnte: Es ist nicht leicht, den Beruf des Lehrers auszuüben, denn er hat mit jungen Menschen zu tun, die alle verschieden und in einer schwierigen und komplexen Entwicklung begriffen sind. Es ist auch nicht leicht, Schüler zu sein und die Erwartungen der Eltern und Lehrer zu erfüllen sowie sich der eigenen Ziele und Möglichkeiten bewusst zu werden. Hier geht es um Menschen und es werden Fehler gemacht, auch in der besten Schule, viele Fehler, täglich. Es ist auch nicht leicht, Vater oder Mutter zu sein, doch von den drei Rollen ist sie dennoch wahrscheinlich die einfachste, denn wir haben, wenn wir achtsam mit unserem Geist umgehen, die Chance, eine heilsame Distanz einzunehmen und die Dinge mit Gleichmut und auch mit Dankbarkeit zu sehen.

Heilsame Distanz gibt es aber nicht gratis. Unser Verstand kann damit wenig anfangen, er will keine Distanz, er will zwischen Richtig und Falsch unterscheiden, urteilen, eingreifen und „das Gute" und „das Richtige" durchsetzen und erreichen. Leider aber werden wir zu einem Teil des Problems, wenn wir uns allein diesem unterscheidenden Verstand überlassen.

Wir können einen Schritt zurücktreten. Wir können einen Moment lang innehalten. Wir können mithilfe unseres Körpers und unserer Sinne die Realität annähernd so wahrnehmen, wie sie ist. Und so, vielleicht nur so können wir eine positiv unterstützende Rolle spielen – können unserem Kind, der Lehrerin oder dem Lehrer und uns selbst wirklich helfen, was ja der Sinn des Besuchs in der Schule ist. Ja, eigentlich ist es der Sinn des Vater- oder Mutterseins: helfen. Aber helfen kann nur, wer selbst stabil ist. Wie könnte ein Notarzt am Unfallort helfen, der in seinen eigenen Emotionen versinkt?

Mit einem wachen und bewussten Geist können wir ohne große Schwierigkeiten eine unterstützende Rolle spielen. Wenn wir helfen wollen, müssen wir zunächst dem verletzten Kind in uns helfen, das sich hier meldet, und dann dem Erwachsenen in uns, der so mit einem Lächeln auf den Lippen den anderen helfen kann, um die es hier geht: den Lehrern und Schülern. Es ist nicht schwer, wenn wir präsent sind, präsent im Hier und Jetzt des Schulkorridors.

Tägliche Wege

Zu seinem 80. Geburtstag soll sich Thich Nhat Hanh von seinen Nonnen und Mönchen gewünscht haben, dass sie sich einen kleinen Weg aussuchen, ein paar Meter ihrer täglichen Gänge ins eigene Zimmer, in den Garten, eine Kellertreppe oder irgendeinen ihrer persönlichen Wege, und er hat sie gebeten, diese wenigen Schritte fortan immer achtsam und mit vollständiger geistiger Präsenz zu gehen. Das sollte ihr Geschenk an ihn sein. Das hat er sich von ihnen gewünscht.

Unser Geist, sowohl der rein verstandesmäßige Teil als auch das, was im Buddhismus „Herzgeist" genannt wird, funktioniert nach Gewohnheiten. Wenn wir etwas lernen, eine Fremdsprache, Autofahren, Klavierspielen oder die Benutzung einer neuen Computersoftware, so ist dies zunächst schwierig. Es gibt hierfür nur einen Grund: Wir haben es noch nicht oft gemacht, es ist ungewohnt. Und immer wenn wir dieselben Tätigkeiten später können und beherrschen, sie ohne Mühe mit Genauigkeit und Zuverlässigkeit ausführen, dann gibt es dafür ebenfalls nur einen Grund: Wir haben es so oft gemacht, dass unser Gehirn entsprechend starke und effektive Verbindungen und Übertragungswege ausgebildet hat. Wir nennen dies dann Routine. Vereinfacht könnte man sagen: Wir müssen alles, was wir wirklich tun und erlernen wollen, nur oft und regelmäßig genug tun, dann ist der Erfolg praktisch unvermeidlich. Es geht nur um zwei Dinge: Anfangen und Weitermachen.

Welch enormes Potenzial liegt also in Thich Nhat Hanhs Geburtstagswunsch! Dieser große Lehrer versucht hier gewissermaßen einen Trick anzuwenden, um uns zu helfen, indem er sagt: Wählt einen kurzen, scheinbar unbedeutenden täglichen Weg, aber geht diesen Weg dann *Immer* bewusst. Und er schlägt auch vor, die wenigen Schritte zu wiederholen, wenn wir sie unbewusst gegangen sein sollten. Wenn wir das wirklich tun, dann ist der Erfolg praktisch unvermeidlich. Worin aber besteht dieser Erfolg für uns?

Nehmen wir an, Sie beschäftigen sich nicht mit Meditation, doch Sie entschließen sich, den Weg zur Toilette in Ihrer Wohnung von jetzt an jedes Mal in bewusster Konzentration auf Ihre Schritte, auf Ihren Atem und Ihren Körper zu gehen. Zunächst ist das schwierig, denn es ist ungewohnt.

In den ersten Tagen müssen Sie ziemlich oft zurückgehen und die wenigen Schritte wiederholen, da Sie in die alte Gewohnheit des unbewussten Gehens verfallen sind. Dann aber greift schrittweise (Schritt!) die neue Gewohnheit. Nach vielleicht zwei oder drei Wochen wird es normal, diese wenigen Meter mit vollständiger Aufmerksamkeit auf die Sinne und auf den Körper zu gehen. Ihr Geist beginnt, die Gehirnströme umzubauen, es entstehen neue Bahnen der Bewusstheit und Aufmerksamkeit beim Gang zur Toilette.

Nach einiger Zeit wäre in Ihrem Geist diese andere Möglichkeit fest verankert: Ich muss mich beim Gehen nicht im Dunkel meiner unklaren Tagträume und meiner ewig gleichen inneren Dialoge verlieren. Es gibt eine Alternative und sie ist keine Theorie, sondern erprobte Praxis. Diese Alternative ist Freude am Leben, heitere Wachheit, offene Erfahrung. Es entsteht eine Routine, auf die Sie dann auch in anderen Momenten zurückgreifen können. Der Gang zur Toilette ist die Übung, das Training, die Probe. Doch die anderen Gänge im Leben, besonders die schweren und sorgenvollen, der Weg zum Arzt, der mir das gefürchtete Untersuchungsergebnis mitteilt, der Gang ins Büro des Chefs, der mir vielleicht die Entlassungspapiere überreicht, der Gang zur Bank, deren Geduld jetzt möglicherweise zu Ende ist – diese Wege sind es, bei denen die Probe zur Aufführung kommt, bei denen ich die Übung nutzen kann.

Ich kann auch diese Gänge bewusst und mit heiterer Offenheit gehen – mit der Bereitschaft anzunehmen, was auch immer da kommen wird, und mit einer freudigen Entschlossenheit, die dann notwendigen anderen und weiteren Schritte zu gehen. Auch der Gang ins Krankenhaus zur Operation, weil das vom Arzt mitgeteilte Untersuchungsergebnis leider nicht positiv war, kann bewusst, wach, heiter und offen sein. Der Gang zum Arbeitsamt, weil der Chef mich tatsächlich entlassen hat, kann ein konzentrierter wacher Gang im Hier und Jetzt sein. Das ist nicht an sich schwierig, das behauptet nur unser Verstand. Es kommt allein darauf an, ob ich meinen Geist vorher daran gewöhnt habe, ob mein Körper und mein Geist diese Wege in dieser Art oft genug gegangen sind. Es geht nur um Anfangen und Weitermachen. Allerdings kann ich schlecht mit dem Gang zur Operation oder zum Arbeitsamt anfangen. Diese Gänge sind bereits der Ernstfall und es ist gut, wenn ich mir vorher Gelegenheit zum Üben gegeben habe.

Welchen täglichen Weg also wollen wir wählen?

Es kann hilfreich sein, einen Weg zu wählen, der bereits mit einem kleinen Geräusch verbunden ist, wie einer knarrenden Parkettdiele oder einer quietschenden Tür. Falls ich dieses Geräusch ohnehin immer wahrnehme, so kann es das werden, was Thich Nhat Hanh eine Achtsamkeitsglocke nennt, die mich an meinen Entschluss erinnert.

Ich kann einen leicht beschwerlichen Weg wählen, etwa eine kurze steile Treppe, die mir immer etwas Mühe bereitet. Dies hätte den Vorteil, dass die Anstrengung, die ich jedes Mal dabei wahrnehme, mich an meine Absicht der Bewusstheit erinnert; es hätte allerdings den Nachteil, dass ich die Übung dann eventuell mit einem negativen Gefühl verbinde, was auf die Dauer wenig hilfreich sein kann. Aber auch das Gegenteil ist möglich: ein besonders angenehmer

Weg, den ich gern gehe, wie die Schritte an die frische Luft hinaus nach dem Öffnen der Balkon- oder Gartentür.

Ich kann den Weg zum Auto wählen, am Morgen, wenn ich das Haus verlasse, oder die wenigen Meter von meiner Haustür zur Bushaltestelle. Es können die Schritte ins Gebäude meines Arbeitsplatzes sein, was sicher hilfreich ist im Sinne eines wachen und offenen Geistes während des Arbeitstages oder zumindest an seinem Anfang. Ein Weg, der bereits mit einer täglichen Routine verbunden ist, wie der Weg zur Arbeit, kann sehr unterstützend sein, weil die kontinuierliche Wiederholung dann fast automatisch gegeben ist. Verlieren Sie nicht den Mut, wenn Sie anfangs oft vergessen, was Sie sich vorgenommen haben. Nehmen Sie es als einen Erfolg, wenn Sie sich einmal pro Woche erinnern, dann zweimal, dann dreimal und so weiter.

Jeder Ihrer täglichen Wege kommt in Frage. Wählen Sie eher einen kurzen Weg als einen zu langen, weil der Geist sonst zu leicht abschweift. Fünf Schritte können durchaus reichen. Aber bleiben Sie bei dem einmal gewählten Weg, auch wenn Sie nach ein paar Tagen glauben, eine bessere Idee zu haben. Unser Verstand behauptet ständig, bessere Ideen zu haben – deshalb üben wir ja viel zu wenig wirklich ein. Sie werden während dieser wenigen Sekunden auf alle möglichen Gedanken und Gefühle stoßen. Nehmen Sie einfach nichts davon wichtig. Es ist nicht wichtig. Sie gehen ja nur zur Toilette. Und Sie gehen wach und bewusst zur Toilette. Nur das ist wichtig.

Hund ausführen

Mein Hund ist kein vom Leiden befreites Wesen, denn er begehrt bestimmte Dinge wie Hühnchenwurst oder läufige Weibchen sehr stark und leidet „wie ein Hund", wenn er sie nicht bekommt. Aber er ist mir ein wichtiger Lehrer, denn er kann etwas, was ich nicht immer gut kann: Er lebt fast immer im Hier und Jetzt.

Meditatives Gehen mit meinem Hund ist eine schöne Übung der geistigen Flexibilität und Offenheit. Er ist noch jung und lebhaft. Wenn er nicht angeleint läuft, muss ich aufpassen, dass er nicht entwischt und im Wald auf die Jagd geht. Wenn wir anderen Hunden begegnen, muss ich verstehen, ob die Situation kritisch wird, weil einer von ihnen oder beide aggressiv werden. Am Anfang will er spielen, dann lässt er den Ball liegen und will lieber den Weg ausschnüffeln, um festzustellen, was es Neues gibt. Dann muss er sein Häuflein verrichten, darauf ist er verschwunden und danach ist er wieder da. Jeder Hund ist anders, es handelt sich um komplexe Wesen mit Persönlichkeiten, Vorlieben, Abneigungen und Gewohnheiten. Aber ihre Lebendigkeit, ihre unmittelbare Beziehung zu dem, was ist, fasziniert uns und wir gewinnen diesen „besten Freund des Menschen" lieb, weil er uns mitnimmt ins Leben, das immer nur im gegenwärtigen Moment stattfindet.

Das meditative Gehen mit dem Hund hat – wie alles – seine Vorteile und Schwierigkeiten. Manchmal ist eine Sache auch beides: Der Hund lenkt mich mit seinen Bedürfnissen zwar immer wieder von dauerhafter Konzentration ab, doch andererseits kann ich nicht leicht in eingebildete Heiligkeit abdriften, kann mein „meditierendes Ego" nicht ausleben, welches dazu neigt, mich bei der Meditation wichtig und bedeutsam zu finden. Diese Tendenz beruhigt sich zum Beispiel, sobald ich mit dem dafür vorgesehenen Plastiksäckchen den Kothaufen zu entfernen habe und das Säckchen anschließend noch eine Weile bis zum nächsten Abfallkorb mit mir herumtragen muss.

Aber auch das Säckchen ist Hier und Jetzt und nichts daran ist falsch oder schlecht, selbst wenn der Geruch unangenehm ist. Ich kann sogar dankbar sein, dass ich das Säckchen tragen darf, denn ein Hund ohne geregelte Verdauung wäre ein kranker Hund.

Durch die Begegnung mit anderen Hunden und ihren zugehörigen Menschen muss ich immer wieder in Kontakt mit ihnen treten, kann oder muss hören, was sie sagen, kann oder muss versuchen, freundlich zu bleiben, obwohl ich mich oft anders verhalten würde als sie und ihre Kommentare nicht oft dem entsprechen, was ich meine und für richtig halte. Wenn die Übung der Gehmeditation mir hilft, meinen Geist zu öffnen, dann habe ich beim meditativen Gehen mit dem Hund Gelegenheit, den offenen Geist praktisch zu erproben: Kann ich freundlich und geduldig bleiben, wenn ich mir Vorwürfe anhören muss, weil mein Hund jemanden erschreckt hat?

Einmal hat mein Hund das Bein eines auf dem Weg im Gespräch stehenden Mannes angepinkelt, weil er ihn in der Hitze des Spielens offenbar für einen Baum hielt. Der Mann machte daraus kein Drama. Er schaute kurz hinunter zu seiner Hose, die nur von ein paar Tropfen getroffen war, blickte mit einem etwas gequälten Lächeln zu mir und setzte sein Gespräch fort. Ich war schockiert und spürte die Neigung, mein Schuldgefühl wenigstens durch umfangreiche Entschuldigungen wiedergutzumachen. Aber der Mann maß der Sache weiterhin keine besondere Bedeutung bei und mein Hund auch nicht. Also: weitergehen, loslassen. Ins Hier und Jetzt zurückkehren. Keine Konsequenzen, keine Spuren, nur ein paar Tropfen auf einem Hosenbein. Man muss schon einen Hund oder ein kleines Kind haben, um so schöne Übungsmöglichkeiten geboten zu bekommen.

Der Hund verfügt über eine fantastische Technik des Loslassens, um die ich ihn beneide: das Ausschütteln. Nach jeder Aufladung mit Emotion, nach lebhaftem Spiel, nach dem Streicheln oder nach der Entrüstung über einen Rivalen bleibt er kurz stehen und schüttelt sein Fell so kräftig aus, dass der ganze Körper ein heftiges Ausschleudern der jeweiligen Energie vollzieht. Dann geht es weiter. Die Energie ist beseitigt. Das soeben Erlebte ist vorbei, überwunden und verschwunden. Schon ist nur das Neue interessant, was es jetzt zu entdecken gibt.

Wir können kein Fell ausschütteln, wir sind keine Hunde. Wir können aber Kontakt aufnehmen zum Augenblick, zum Leben, zu Licht, Geruch und Geräusch um uns herum. Wir können unserem Geist kurz lauschen, der innere Geräusche produziert, die den äußeren um uns herum sehr ähnlich sind, und können das alles auch würdigen und annehmen, um es dann loszulassen. Wir lassen auf andere Art los als der Hund, doch wir können ihn dennoch betrachten und lernen, wie er das macht: Das Ausschütteln ist entschlossen, kurz, kräftig und nachhaltig. Der Hund befreit sich mit einem einzigen Schütteln von einer einzigen Emotion. Nicht mehr – aber auch nicht weniger. Wenn wir unseren Geist durch meditatives Gehen beruhigen und achtsam betrachten, kann uns vielleicht Ähnliches gelingen: *eine* Emotion oder einen Gedanken erkennen und durch unmittelbaren Kontakt zur Realität loslassen. Leider neigen wir dazu, gleich die ganze Welt erlösen zu wollen, leider sehen wir selten einen einzigen Gedanken, sondern meistens ganze Gedankengebäude und können uns deshalb auch nicht fragen, ob der einzelne Gedanke heilsam oder unheilsam ist.

Mein Hund kann eine Emotion erkennen, sich entscheiden, sie loszuwerden, und sie wegschütteln. Er will weder seine Eltern ändern noch seine Freunde belehren, sich an seinem Chef rächen, die Probleme seines Sohnes lösen oder Erleuchtung erlangen. Er hat sich geärgert, gefreut, erregt, geängstigt oder verausgabt – und das, nur das, lässt er los.

Wir können beim Gehen mit einem Hund immer wieder Phasen der Konzentration mit offener Verankerung einschalten. Wir können üben, von einer Konzentrationsphase in eine Phase des Sprechens, Handelns und Spielens zu schalten und wieder zurück. Wir können uns von unserem Hund in sein Hier und Jetzt mitnehmen lassen und wir können von ihm lernen, wie man wirkungsvoll einzelne Emotionen loslässt und sich mit erfrischtem Geist Neuem zuwendet. Das alles kann das Hundausführen enthalten. Nicht wenig. Viele Menschen haben Hunde und ich glaube immer besser zu verstehen, warum sie sie haben.

Bergwanderung

Eine Wanderung im Engadin an einem strahlend sonnigen Sommertag. Aufstieg. Nicht sehr steil, aber lang und länger. Die Schritte folgen dem ausgewaschenen Wanderpfad schräg über eine Wiese nach oben. Der Blick geht mal rechts ins Tal hinab, mal links vorn hinauf zum Kamm des Berges, zum vorläufigen Ziel des Aufstiegs. Meistens aber bleibt er durch die gebeugte Haltung beim Aufstieg auf den Boden gerichtet, folgt somit zwangsläufig dem Weg, heftet sich an Steinchen und Grashalme auf dem Fleck, auf den ich meinen nächsten Schritt setzen werde.

Wie ist mein Geist?

Mein Geist ist wach und angeregt, denn es ist früher Morgen und die körperliche Bewegung mit voll arbeitendem Herz-Kreislauf-System regt auch die geistige Bewegung an. Aber diese geistige Aktivität ist sprunghaft, unstet, auf ständiger Suche nach neuen Objekten und Gedanken. Es entsteht ein lebhafter, wenngleich unruhiger Strom aus Gedanken und Gedankenfetzen, Worten, Meinungen, Urteilen, Fragen, Zitaten, Zweifeln, Fragmenten, Wiederholungen und Ängsten. Auch beim Frühstück gehörte Musikklänge schwingen mit sowie bildhafte Erinnerungen – alles vermengt zu einem schwer bestimmbaren Gemisch aus Gedanken und Emotionen. Keiner dieser Gedanken wird an diesem Morgen Ausgangspunkt sein für eine Entscheidung, eine Idee oder eine neue Anschauungsweise eines bestimmten Themas, dafür ist alles zu ungenau und zu unausgegoren, dafür bleibt der Geist nicht ausreichend lange auf einem Punkt konzentriert. Andererseits beschäftigt dieser Brei mich nicht unerheblich.

Er nimmt breiten Raum ein, er schiebt sich in den Vordergrund, und dies ohne wirkliche Berechtigung, denn fast nichts an ihm ist wichtig oder brauchbar. Aber der ungesteuerte Gedankenfluss verhindert eine volle Wahrnehmung der Realität, dieses Tages, eines besonderen Tages, denn ich bin in den Ferien auf einer Wanderung in fantastischer Natur.

Muss das so sein?

Nein. Es kann auch so sein, dass ich meinem Geist erlaube, vor allem das wahrzunehmen, was am deutlichsten spürbar ist: die Anspannung der Beinmuskeln, den angeregten Atemfluss, die Anstrengung des Aufstiegs. Damit richte ich meinen Geist auch auf Unangenehmes, auf die Mühe zum Beispiel, und das akzeptiert er nicht so gern, denn er fantasiert lieber in vermeintlich angenehmen Sphären vor sich hin. Vielleicht kann ich meine Schritte hier und da vorübergehend dem Atemfluss anpassen, wie in der „3 x 1" Gehmeditation, etwa in einer 4 x 1- oder 5 x 1-Variante; dauerhaft ist dies jedoch nicht möglich, weil sich der Weg immer wieder ändert, mal steiler und mal flacher wird, es kommen Kurven und Stufen, aber eine genaue Abstimmung der Schritte auf den Atem ist hier auch nicht wichtig. Wichtig ist: dieser Tag in seiner Kostbarkeit, diese Luft, die ich nicht immer atme, diese Sonne, die ich so nicht immer auf der Haut spüre, die Berge und Täler um mich herum, die ich so fast nie sehe. Ich bleibe also mit der Aufmerksamkeit beim Aufstieg, bei der Anstrengung, bei den Schritten, doch ich öffne mich ebenfalls bewusst dem Licht, der Luft und dem, was ich sehe. Gedanken aller Art kommen und gehen auch hier. Ich lasse sie kommen, ich wehre keinen von ihnen ab, sondern versuche, mir einen Moment lang bewusst zu werden, was für ein Gedanke das jeweils ist: Eine Idee? Ein Urteil? Eine Meinung? Ein Zukunftsprojekt? Eine Erinnerung? Ein Zweifel? Ich etikettiere den Gedanken – und lasse ihn dann los. Dies geschieht zehnmal, hundertmal, unzählige Male. Auf diese Weise mache ich also genau drei Dinge:

1. Ich nehme einfach das zu Hilfe, was ohnehin vorherrschend ist (Aufstieg und Gehbewegung)

2. Ich öffne mich dem, was ich hier ja eigentlich wahrnehmen will (Natur)

3. Ich erlaube allen Gedanken zu kommen, nehme aber bewusst wahr, welche Gedanken das sind, und lasse sie daraufhin los, indem ich sie etikettiere und die Aufmerksamkeit wieder auf die Gehbewegung und auf die Wahrnehmung der Natur lenke.

Diese zweite Geisteshaltung ist nicht anstrengender als die erste. Nein, im Gegenteil: Es ist anstrengender, sich dem unkontrollierten Gedankenfluss zu überlassen, denn dieser Fluss hat massive Auswirkungen auf meine Emotionen und diese Auswirkungen sind schwer zu korrigieren. Eine scheinbar aus dem Nichts entstandene Übellaunigkeit ist nicht leicht wieder zu beseitigen. Doch sie ist nicht aus dem Nichts entstanden. Alles hat Ursachen. Wenn wir uns fragen, warum wir in unpassenden Situationen, die eigentlich objektiv schön sind, manchmal nichts Positives fühlen können, dann liegt der Grund sehr oft in diesem unkontrollierten Gedankenfluss, der scheinbar so harmlos und normal ist, weil er ja immer da ist – und dennoch ist er einer der wichtigsten Gründe für unsere latente Unzufriedenheit!

Es ist nicht schwer, die Aufmerksamkeit während einer Wanderung in der Natur bei der Gehbewegung und beim Atem zu verankern und sich der Umgebung zu öffnen – aber es geht wie immer nicht leicht ohne Übung. Erst Übung lässt diese leichte mentale Anstrengung, die bewusste Beobachtung der eigenen Gedanken mühelos und automatisch werden, ohne Verkrampfung oder gar Kopfschmerzen. Die positiven Auswirkungen sind jedoch nicht zu übersehen: Wir werden tatsächlich wandern, wir werden da sein, wach und bewusst. Wir werden uns später an diesen Tag erinnern, weil wir ihn bewusst erlebt haben. Wir werden ihn genießen, weil wir seine einzigartige Schönheit wirklich erfahren. Wir werden leben – und nicht nur scheintot und unbewusst umherirren. Das klingt nach einem Unterschied, oder nicht?

Erschwert wird eine solche Bewusstheit oft durch die Tatsache, dass wir nicht allein wandern. Dann kommt zum inneren Dialog noch der äußere und beide Dialoge nähren einander. Es ist wahrscheinlich, dass wir durch das Gespräch unsere Umgebung und das, was wir tun, noch weniger wahrnehmen. Sicher ist es dann fast unmöglich, sich der eigenen Gedanken bewusst zu werden.

Deshalb kann es hilfreich sein zu vereinbaren: „Lass uns bis zu jenem Felsen dort in Stille gehen. Ich möchte gern ein wenig bewusst die Natur und meine Gedanken wahrnehmen. Von dort an können wir das Gespräch fortsetzen." Und diese Phasen der Stille können wir wiederholt einlegen und so zu einem Wechsel kommen zwischen Gespräch und Stille.

Es ist ja nicht falsch, sich beim Wandern zu unterhalten. Auch ist es schön, gemeinsam die Natur zu erleben. Aber alles hat Vor- und Nachteile. Ein „Mittlerer Weg" zwischen Stille und Dialog kann heilend sein und auch den Dialog bereichern, da er sich in der Stille vorbereiten kann. Allerdings sollte man in der Phase der Stille nicht nur daran denken, was man zu sagen beabsichtigt, sobald der Felsen erreicht ist. Der Verstand wird dies höchstwahrscheinlich versuchen. Das jedoch wäre ein inneres Sprechen anstelle des üblichen Gesprächs und wir würden wieder umherirren im Gestrüpp unserer Gedanken. Es wäre schade um den Tag und um die Zeit. Es wäre schade um die vertane Chance. Es wäre so etwas wie eine verpasste Verabredung – unsere Verabredung mit dem Leben, wie Thich Nhat Hanh es nennt.

Treppen

Treppen sind überall. Wir benutzen sie täglich. Sie sind notwendig, sie erlauben uns den Wechsel von einer Ebene zur anderen.

Treppen sind auch Hindernisse. Sie erfordern ein Mehr an Aufmerksamkeit, es gibt an ihrem Beginn einen Augenblick der Wachheit, des Hinsehens, des Sichanpassens an den genauen Verlauf des Stufenweges hinauf oder hinab, gerade oder in einer Kurve, rutschig oder fest auf hohen oder flachen Stufen.

Diesen Moment der Wachheit, dieses kurze Aufpassen können wir nutzen, um in den gegenwärtigen Moment zu kommen, um uns aus dem verträumten Gedankenstrom zu befreien und wahrzunehmen, was wir tun.

Die Treppe hat einen zweiten Vorteil: Sie ist normalerweise nicht lang. Wir benutzen sie nur wenige Sekunden – dann sind wir bereits in der nächsten Etage. Wir stellen uns also keine übermenschliche Aufgabe, wenn wir nur für die Dauer dieser wenigen Sekunden bewusst erleben wollen, was wir tun.

Die Treppe hat noch einen dritten Vorteil: Sie verlangt von uns nicht nur ein kleines Mehr an Aufmerksamkeit, sondern auch etwas mehr körperliche Anstrengung. Dies ist beim Weg nach oben deutlich spürbar, doch es gilt auch für den Weg abwärts. Auch beim Hinabgehen müssen wir unser gesamtes Körpergewicht auf jeder Stufe abbremsen und tragen, müssen es absetzen und behutsam ins Gleichgewicht bringen, um nicht zu stürzen. Diese leicht erhöhte körperliche Arbeit, die Erhöhung des Pulses, die veränderte Atmung können wir relativ einfach wahrnehmen, wenn wir nur wollen.

Auch führt uns die Treppe ja wirklich auf eine neue Ebene, in eine neue Etage, die uns zwar meistens sehr bekannt, aber dennoch anders ist. Auch das können wir uns kurz bewusst machen: Ich bin nun im Keller, auf dem Speicher, im Büro, im Kinderzimmer.

Treppen sind Wege ins Hier und Jetzt. Sie machen es uns einfach zu erwachen. Wir müssen uns entschließen, sie zu nutzen.

Sollte unser Geist abschweifen und durch die Gewöhnung an unbewusstes Denken auf der Treppe Schwierigkeiten haben, das Jetzt wahrzunehmen, dann können wir die Stufen zählen. Es geht selbstverständlich dabei nicht um die Feststellung, um wie viele Stufen es sich handelt. Wir wissen spätestes beim zweiten Mal, dass es acht Stufen sind. Das Zählen gibt unserem Geist Halt, es kann eine Art Geländer sein, an dem wir uns festhalten, um nicht dem ersten Gedankenfragment nachzugehen, das uns ablenken will.

Wenn wir eine Treppe schon unzählige Male benutzt haben, kann es hilfreich sein, dem Geist zunächst zu zeigen, dass es auch anders geht. Stellen Sie sich Ihren Geist dabei wie ein quengeliges Kleinkind vor, das sich weigert, etwas auf andere Art zu tun, was es schon hundertmal getan hat. Wir nehmen das Kind an die Hand, führen es liebevoll und mit beruhigenden Worten zur Treppe und sagen: „Schau mal, es geht auch anders. Probier es einmal mit mir aus." Dann können wir einmal diese altbekannte Treppe in völlig neuer Weise hinauf- oder hinabgehen. Wir bleiben zunächst vor der ersten Stufe stehen und spüren das Stehen im Körper, in den Füßen und Beinen und in dem, was an Geruch, Licht und Geräusch zu uns dringt. Dann setzen wir langsam einen Fuß auf die erste Stufe und halten wieder inne, um die veränderte Position zu spüren. Jetzt schieben wir das Gewicht nach oben und vollführen die bekannte Bewegung hinauf auf die erste Stufe – aber wir nehmen wahr, was passiert: die Anstrengung im Bein, die Anspannung der Muskeln, die Arbeit der Arme, des Rückens, die kleine Kopfbewegung, die auch notwendig ist, und vieles andere mehr. Dann bleiben wir auf der ersten Stufe stehen und spüren wieder das Stehen, das leicht veränderte Gefühl im Körper, die leicht veränderte Sicht durch die erhöhte Stellung auf der ersten Stufe. So gehen wir alle acht Stufen, bleiben jedes Mal auf einer Stufe stehen und nehmen wahr, was in unserem Körper und in unserem Geist passiert. Aber Achtung: Der Verstand wird schon beim zweiten Mal abwinken: bekannt, langweilig, immer dasselbe, nichts Neues. Das ist das quengelige Kind. Wir sollten nicht zu sehr darauf hören, sondern es mit Nachsicht und einem Lächeln bitten, einfach noch eine Stufe zu gehen.

Die Funktionsweise unseres Geistes beruht stark auf Gewöhnung und Wiederholung. Es ist deshalb nicht einfach, etwas auf neue Art zu tun, das man schon sehr viele Male getan hat. Unser Geist ist aber auch sehr lernfähig und er bleibt es bei mentaler Gesundheit bis ins hohe Alter. Diese eine Gelegenheit, bei der wir die Treppe auf neue Art hinaufgegangen sind, diese eine Übung, dieses Stehenbleiben auf jeder Stufe wird im Geist registriert werden als eine neue Möglichkeit. Sie wird uns jetzt vielleicht automatisch in den Sinn kommen als Erinnerung an eine etwas absonderliche Ausnahme, wenn wir die Treppe benutzen. Damit ist aber der Anfang gemacht. Die Tür ist geöffnet, der Geist ist bereit, etwas Neues zu lernen. Er ist auch bereit und in der Lage, etwas bereits Bekanntes neu zu lernen und fortan anders zu tun. Wir müssen ihm nur Gelegenheit zum Lernen geben. Das Kind in uns wird immer wieder quengeln. Und wir werden es immer wieder an die Hand nehmen, denn wir lieben dieses Kind – auch falls wir es gar nicht so genau wissen oder spüren, dass wir es wirklich lieben. Denn es geht um uns, um das Kind in uns. Es quengelt und wir können es an die Hand nehmen. Wir sollten es tun. Es ist nicht schwer und der Gewinn an Lebensqualität ist groß, sehr groß.

Vipassana im Wald

Wie schön kann Regen sein! Wie schön kann ein trüber, nasser, windiger Samstagvormittag sein. Das Regenwasser erreicht meine Haut nicht, Regenjacke, Kapuze und feste Wanderschuhe schützen mich, ein warmer Pullover und lange Unterhosen wärmen mich. Langsam führe ich einen Schritt nach dem anderen aus, allein, auf einer Waldwiese im Herbstregen.

Ich bin nicht einsam, sondern all-ein. Ich atme die Frische und Reinheit der Regenluft, spüre das Abheben, Weiterführen und Aufsetzen der Füße auf dem weichen Boden, höre den Regen und den Wind, die leisen Geräusche meiner Bewegungen, selten einmal auch einen Vogel, Motorengeräusch in der Ferne.

Ich bin in Kontakt mit alldem, ich bin nicht getrennt, sondern mein Geist ist vollständig offen, allem zugewandt mit freundlichem Interesse, ohne an irgendetwas lange zu haften. Ich bin auch im Kontakt mit meinem Geist selbst, der angenehme und unangenehme Sinnesempfindungen feststellt, mit sanfter Aufmerksamkeit Gedanken einordnet und kurz ihre jeweilige Beschaffenheit erkennt, bevor er sie loslässt, indem er sich wieder den Schritten im Gras zuwendet. Auch Emotionen entstehen im Gefolge der Gedanken, Freude etwa über die schöne Gehmeditation, Stolz auch, das Ego meldet sich und möchte eine Geschichte spinnen, in der ich selbstverständlich die Hauptrolle spiele, Befürchtungen, der Regen könnte stärker werden, Zweifel, kurzes Unwohlsein ... und wieder Rückkehr zu: abheben – weiterführen – aufsetzen. Auch die Gehbewegung selbst scheint

Sinnesempfindungen, Gedanken und Gefühle zu erzeugen, die ich beobachte: Da ist die kurze Zufriedenheit über einen stabilen Stand des Fußes nach einem bestimmten Schritt und die kurze Unzufriedenheit über einen instabilen Stand des Fußes wegen einer Unebenheit des Bodens beim nächsten Schritt. Es lässt sich beim sehr langsamen Gehen gut beobachten, wie jeder Kontakt eine angenehme und unangenehme Sinnesempfindung nach sich zieht, zwangsläufig, unvermeidlich, immer wieder ...

Ich bin im Kontakt mit der äußeren Welt und ich bin im wachen Kontakt mit meiner inneren Welt. Doch es geschieht mehr. Da ist etwas, was der Verstand nicht erkennen, erreichen, berühren kann. Es ist ein direkter Kontakt nicht nur mit den Phänomenen, sondern auch mit ihrer Natur, mit ihrem eigentlichen Sein und Wesen.

Im ständigen Fluss der Schritte offenbart sich mir das Lebensgesetz der fließenden Prozesshaftigkeit allen Seins. Rechts: den Fuß abheben, nach vorn führen, aufsetzen. Links: abheben, führen, aufsetzen. Abheben, führen, aufsetzen. Einatmen, ausatmen. Schritt rechts, Schritt links. Einatmen, ausatmen. Tag, Nacht. Sommer, Winter. Essen, ausscheiden. Einatmen, ausatmen. Sein, Nichtsein. Leben, sterben. Kommen, gehen.

Der Verstand nickt kurz und sucht nach Neuem. Prozess? Entstehen, sein, vergehen? Klar. Verstanden. Und was jetzt? Und schon sucht er nach Tricks und Mitteln, das Leben dennoch unendlich und den Tod unmöglich erscheinen zu lassen, bis ich ihn wieder vor Augen habe, den Tod, durch ein Wort oder ein Bild und weiß: Er kommt – und ich will nicht, dass er kommt, und habe Angst und leide. So ist die Welt des Verstandes: oft genug eine Welt des Leidens.

Aber nicht hier. Nicht in dieser Gegenwärtigkeit im Regen im Wald. Ich bin hier nicht endgültig befreit von Illusion und Leiden, ich habe hier nichts für alle Zeit überwunden. Ich bin dafür aber auch nicht hier. Ich bin wegen mir hier, wegen mir und diesem Tag, diesem Moment, diesem Atemzug, diesem Schritt, der mein Leben ist, oder besser: der *das* Leben ist, das große Leben, von dem ich ein Teil bin, ein Ausdruck, eines der vielen Phänomene, die kommen und gehen, während das Leben an sich bleibt, das Sein bleibt. Es ist die Stille und der Raum. Es ist größer als alle Phänomene, die aus ihm kommen und in es zurückkehren im ewigen Fluss von Tag und Nacht, von Sommer und Winter, von Regen und Sonne, von Einatmen und Ausatmen.

Für manche ist es nicht schwer, diese Dinge zu denken. Für andere ist es fast unmöglich, diese Dinge zu denken. Doch es ist in jedem Fall sinnlos, diese Dinge zu denken. Es ist ein Lebensgesetz, das wir nicht mit dem Denken verinnerlichen können. Wir können es jedoch sofort berühren, wenn wir uns Zugang verschaffen zum Jetzt, durch unsere Sinne und unseren Geist.

Unser Verstand arbeitet sehr häufig mit Unterscheidungen und dualistischen Gegensätzen. Es fällt ihm schwer, einen Fluss zu erkennen, der Leben und Tod einschließt, der die Trennung aufhebt. Und doch ist dies die Wahrheit. Die Wahrheit liegt jenseits der dualistischen Gegensätze, sie liegt auf der anderen Seite von „Entweder-oder". Ich bin noch heute identisch mit dem sechsjährigen Jungen auf dem Foto von meiner Einschulung *und* ich bin heute ein völlig anderer Mensch, der mit jenem Jungen praktisch nichts mehr zu tun hat. Beides ist der Fall. Das ist die Wahrheit – und davor kapituliert der Verstand.

Mit kontinuierlicher Meditationspraxis können wir unseren Geist mit der Zeit immer entspannter werden lassen in diesen großen Fragen von Wahrheit und Sein. Es geht nicht um Philosophie. Wir können darauf vertrauen, dass es reicht, mit dem Jetzt Kontakt aufzunehmen, immer wieder, Tag für Tag, in scheinbar sehr repetitiven Ritualen. Da ist der Atem. Da sind die Sinne. Und da ist der Geist. Wir spüren den Atem, nehmen Kontakt zu ihm auf, bleiben in Kontakt mit ihm. Wir spüren, was unsere Sinne uns melden, nehmen es wahr, wach, offen, geduldig. Und wir sehen unseren Geist, schauen gleichsam hinein, wach, offen und nachsichtig mit uns und den anderen. Das ist alles. Wir tun das oft. Wir tun es täglich, wir tun es, wann immer wir können. Mehr gibt es kaum zu tun. Dies wird uns befreien. Viele andere vor uns haben sich so befreit von Unzufriedenheit und ständiger Angst. Warum sollte es uns nicht gelingen?

4 • Nimm das Leben ganz in deine Arme

Meditation als regelmäßiger Bestandteil des Tages

In Klöstern und Praxiszentren beginnt der Tag früh, um 5 oder 6 Uhr normalerweise, und er beginnt mit Meditation. Diese Tagesorganisation geht auf zweieinhalb Jahrtausende Meditationspraxis und Erfahrung zurück. Im Tagesplan der Meditationszentren steckt mehr Weisheit, als ich heute erkennen und beschreiben kann, doch eines ist mir mit der Zeit deutlich geworden, weil es mir hilfreich war und ist: Wenn wir den Tag früh beginnen und wenn wir ihn mit Meditation beginnen, dann geben wir unserem Geist nicht viel Gelegenheit, sich zu verzetteln, sich bereits früh am Morgen zu verbeißen in Gedanken, Urteile, Konzepte und Unterscheidungen. Wir beruhigen ihn, bevor er sich verlieren kann. Wir erlauben ihm einen direkten Kontakt zur Realität, bevor er sich zuschüttet mit Sinneseindrücken und Gedanken. Das ist heilsam und hilfreich.

Ein weiterer Aspekt der monastischen Tagesorganisation ist von großer Hilfe: die regelmäßige Rückkehr zu formeller Meditation zwischen den verschiedenen Arbeiten, Treffen, Besorgungen und Tätigkeiten, die überall, auch im Kloster, notwendig sind.

Sie wissen schon, was ich Ihnen raten will. Mein Tipp ist einfach und er lautet: Beginnen Sie Ihren Tag mit einem meditativen Element und schaffen Sie meditative Inseln in Ihrem Tagesablauf, um durchzuatmen und Kontakt zum Hier und Jetzt aufzunehmen.

Ich höre von vielen Menschen, dass sie gern meditieren würden, aber nicht wissen, wie sie Meditation unterbringen sollen zwischen Familie, Beruf, Pflege der alten Mutter, den verschiedenen Fahrten und Besorgungen, den Urlaubsreisen, Kontakten zu Freunden, Nachbarn und Familie, dem sozialen oder politischen Engagement, dem Haustier, dem Garten, dem Sport, der Musik und vielem mehr. In der Tat kann wahrscheinlich niemand hierauf eine einfache und allgemeingültige Antwort geben. Es ist gewiss nicht leicht, Gewohnheiten zu ändern, Schwerpunkte zu verschieben, Raum und Zeit zu schaffen für bisher Ungewohntes. Das kann meist nur schrittweise gelingen.

Aber wir haben unsere Wege. Wir tun alle unsere täglichen Schritte, wohin auch immer. Und diese Schritte, diese Zeit, diese Wege können unsere Chance sein, meditative Gewohnheiten, wie oben beschrieben, in unserem Tag unterzubringen.

Wie erwähnt, wird der Verstand in den meisten Menschen gegen die Einsicht rebellieren, dass die Wahrnehmung des Windes auf der Haut, ein bewusstes Spüren des Fußkontaktes auf dem Boden, ein konzentriertes Fühlen der Hose am Bein wichtig oder auch nur sinnvoll wären. Der Verstand wird uns immer weiter nach vorn treiben, bis ins Grab. Er wird uns wieder und wieder nachweisen, dass dieser jetzige Moment nicht wichtig ist, dass er nur ein Zwischenstück ist, auf dem Weg zum eigentlich wichtigen nächsten Moment, und dann zum nächsten und zum dann folgenden und so weiter – wie gesagt: bis ins Grab. Die häufigste Todesursache in Deutschland oder der Schweiz ist heute Herzinfarkt. Warum bloß?

Alles ist und bleibt eine Frage der Übung und der Gewöhnung. Unsere täglichen Termine und Wege, unsere ständige Bewegung und Beschäftigung können anfangen, uns zu helfen, anstatt uns nur zu terrorisieren. Die Routine der Tages- und Wochenpläne, die Regelmäßigkeit gewisser Termine, Verabredungen und Besorgungen kann hilfreich sein. Wenn mir bewusst wird, dass ich den Weg auf diesem Bürgersteig zum Haus meiner Mutter jeden Sonntagnachmittag gehe, dann ist es nicht mehr so schwer, mich zu entschließen, dass ich ihn jetzt jeden Sonntagnachmitttag in innerer Stille und in direktem Kontakt zu meinem Atem, zu meinem Körper und zu meinen Sinnen gehe. Was habe ich zu verlieren? Was kann schiefgehen? Alle werden davon profitieren: meine Mutter, die Menschen, die mich begleiten, ich selbst, ja sogar der Bürgersteig, obwohl dies abgehoben erscheinen mag (und doch ist es wahr: Wenn wir in Frieden sind mit dem, was uns umgibt, dann nimmt unsere Umgebung dies sofort freudig wahr; in Tieren und Pflanzen ist dies teilweise sogar nachweisbar, in nicht belebten Dingen wie dem Bürgersteig kann es uns esoterisch versponnen erscheinen – und doch gibt es keine wirkliche Trennung zwischen Belebtem und Unbelebtem).

Wenn wir die regelmäßigen Wege „schrittweise" zu meditativen Wegen machen, dann werden sich ganz natürlich Lösungen ergeben, wie wir aus den Verstrickungen in zahllose Verpflichtungen heraus und zu einem Leben kommen, in dem wir die Dinge tun, die uns und den Menschen um uns herum guttun. Wir müssen dann nicht mehr viel verschieben und organisieren, um meditieren zu können. Die Meditation kann, wie alles andere, dann zu uns kommen, wenn wir aufhören, verbissen nach etwas zu suchen, das außerhalb von uns liegt und uns endgültig glücklich machen wird, wenn wir es endlich haben. Es geht darum, den Griff zu lockern, das Leben mehr und mehr geschehen zu lassen, mitzuschwimmen im großen Fluss und uns nicht mehr zu oft gegen die Strömung zu stemmen, mit einem gewaltigen *Nein* im Kopf, begründet durch zahllose Gedanken und Erkenntnisse, was uns ermüdet und entkräftet und sehr wenig einbringt, auch auf einer rein materialistischen Ebene.

Als ich 2001 zum ersten Mal in Kontakt mit buddhistischen Nonnen und Mönchen kam, nahm ich vor allem ihre Freundlichkeit, ihre Offenheit, ihre offensichtliche Freude am Leben wahr. Es war bei einem großen Event mit dem Dalai Lama und Tausenden von Besuchern in Italien. Ich habe damals fast nichts von den Vorträgen verstanden, die auf einem ziemlich hohen Niveau abliefen – die tibetische Tradition ist außerordentlich präzise und ausgefeilt. Doch ich habe immer wieder in die Gesichter der Nonnen und Mönche geschaut, die den Parkplatz organisierten, an den Essensständen Suppe ausgaben, die Toiletten reinigten, Souvenirs verkauften. Diese Menschen sahen mir in die Augen, sie hörten mir aufmerksam zu, obwohl mein Anliegen nur eines war, das sie an diesem Tag schon hundertmal gehört hatten. Sie genossen, was sie taten – und egal, was sie taten, sie schienen in der Lage zu sein, das, was sie taten, jedes Mal von Neuem zu tun, so als wäre es das erste Mal. Meine Schlussfolgerung war: Diese Praxis kann nicht falsch sein. Und ich finde dies heute nach mehr als einem Jahrzehnt intensiver eigener Meditationspraxis voll bestätigt. Aber ich weiß auch: Diese Nonnen und Mönche haben nicht gelächelt, weil ihre Praxis richtig war. Sie haben Freude und Glück ausgestrahlt, weil sie diese von ihnen als richtig und hilfreich erkannte Praxis jeden Tag praktizierten.

Jeden Tag. Das allein ist das wirkliche Geheimnis. Und wenn wir an unsere täglichen Schritte und Wege dabei denken – dann haben wir keine Ausrede mehr, es nicht zu tun.

Sitzmeditation

Wie die meisten Menschen habe ich Meditation zuerst als klassische Sitzmeditation kennengelernt. Ich habe Bücher gelesen und Meditationsgruppen besucht, habe mir erklären lassen, wie man sich auf den Atem konzentriert, habe gelernt, meinen Rücken gerade zu halten, habe den halben und den vollen Lotossitz ausprobiert, bis mir die Knie so weh taten, dass ich kaum noch laufen konnte, und habe mit verschieden langen Meditationen in verschiedenen Momenten des Tages experimentiert. Mit der Zeit habe ich beim Sitzen meinen Geist immer besser betrachten können und bin durch die Meditation freier und friedvoller geworden.

Die Sitzmeditation ist Teil meines Lebens geworden. Fast jeden Tag beginne ich mit 25 oder 30 Minuten Sitzmeditation, gelegentlich ist sie auch etwas länger. Wenn möglich, übe ich gern eine volle Stunde mit 30 Minuten Sitzen, 10 Minuten Kinhin-Gehmeditation und noch einmal 20 Minuten Sitzen, wie in den Praxiszentren meiner Tradition üblich.

Die Auswirkungen auf meinen Geist sind offensichtlich. Wenn es mir gelegentlich nicht gelingt, am Morgen zu meditieren, bin ich ein anderer Mensch: nervöser, unruhiger, ängstlicher, ungeduldiger und unsicherer, um nur einige Attribute zu nennen. Schon 20 Minuten Meditation verwandeln gewisse depressive Tendenzen in mir so deutlich, dass ich kaum auf Meditation verzichten kann, um gewisse Aufgaben zu bewältigen.

Ich mache vieles inzwischen ungern ohne meditative Vorbereitung. Ob es ein Behördengang ist, ein Arztbesuch, ein Möbelkauf oder eine Reinigungs- oder Aufräumaktion in meinem Haus: Wenn ich vorher meditiert habe, geht alles besser. Ich sehe tendenziell die Realität und nicht nur Ideen, Befürchtungen, Bewertungen und sonstige Verschleierungen der Realität. Ich bin bei der Sache und schweife nicht ständig mit den Gedanken ab. Ich genieße, was ich tue, was auch immer es ist. Ich kann mit einem meditativ vorbereiteten Geist deutlich beobachten, dass es nur erforderlich ist, bestimmte Arbeiten, Besorgungen, Reparaturen zu beginnen, damit ich sie schon bald darauf gern tue, obwohl ich vorher keine Lust zu dieser bestimmten Tätigkeit hatte. Dieses „keine Lust" ist ein Teil des Schleiers, es ist eine verstandesmäßige Bewertung. Einmal begonnen, verschwindet „keine Lust" fast immer, ja dieselbe Tätigkeit kann mir nach einiger Zeit so gefallen, dass ich sie gar nicht mehr beenden will und sie viel weiter treibe, als anfangs beabsichtigt.

Die Sitzmeditation hat in meinem Leben also – außer ihrer spirituellen Funktion, die wahre Natur der Phänomene zu erkennen und den Erleuchtungsgeist „Bodhicitta" zu entwickeln – die praktische Funktion der Vorbereitung des Geistes auf die verschiedenen Situationen des Tages. Sie ist eine innere Reinigung und der äußeren Reinigung unter der Dusche nicht unähnlich.

Erst nach einigen Jahren täglicher Praxis der Sitzmeditation habe ich begonnen, die Techniken der Gehmeditation, die ich im Intersein-Zentrum im Bayerischen Wald oder dem Haus Tao am Bodensee gelernt hatte, mehr und mehr auch im täglichen Leben, im sogenannten Alltag anzuwenden. Heute ist es mir in Fleisch und Blut übergegangen, fast überall, wo ich gehe, meditativ zu gehen.

Diese Verbindung zwischen der Vorbereitung des Geistes auf die Tagesaufgaben durch Sitzmeditation und der späteren Aufrechterhaltung von Achtsamkeit und Konzentration durch Gehmeditation im Alltag ist für mich unschätzbar wertvoll. Die Sitzmediation ist für mich wie das Aufladen einer Batterie des Bewusstseins, einer Batterie, die sich anschließend im Laufe des Alltages wieder entlädt. Ich kann ziemlich genau beobachten, wie sich Aufmerksamkeit, Geduld, Freude an kleinen Dingen, Mitgefühl mit mir und den anderen, innerer Frieden und Gleichmut, die ich mit der Sitzmeditation zu Tagesbeginn in mir geschaffen und gestärkt habe, im Laufe des Tages allmählich wieder verflüchtigen.

Gehmeditation im Alltag kann helfen, diese Entladung der Batterie zu verhindern oder zu verlangsamen. Es ist, als ob ich einen mobilen Akkumulator bei mir hätte, der die Gehbewegung nutzt, um die Batterie des Geistes immer wieder nachzuladen.

Wenn ich nach einem Vormittag Arbeit zu einer Bar oder einem Restaurant zum Mittagessen gehe, können diese wenigen Schritte, diese zwei Minuten Fußweg mir enorm helfen, den angestrengten Geist aus der Arbeit gleichsam liebevoll an die Hand zu nehmen, ihn zu beruhigen, vom soeben Erlebten behutsam abzulösen und zu öffnen für die neue Situation. Und dann betrete ich das Restaurant mit einem anderen Geist.

Wenn ich nach einem Arbeitstag abends mit dem Auto nach Hause zurückkehre und beim Fahren beobachte, dass ich mit Ungeduld oder sogar Aggression auf vermeintliche Fehler anderer Fahrer reagiere, dann wird der Fußweg vom Parkplatz zum Haus zur Gelegenheit, meinen Geist liebevoll zu beruhigen. Ich biete ihm die Gehbewegung, den Fußkontakt, das Atmen der frischen Abendluft als kleine Therapie an, als Hilfe nach der Anstrengung des Tages, mit Verständnis und Nachsicht für die festgestellte Ungeduld, die ja nicht an sich schlecht oder falsch war, sondern nur die Folge der gegebenen Bedingungen. Die wenigen Schritte werden mir helfen, den Geist wieder seinem Naturzustand des Friedens und der inneren Stille näherzubringen, und ich werde das Haus anders betreten, als ich es getan hätte, wenn ich einfach beim Gehen in dem Gedankenchaos stecken geblieben wäre, das mir nach einem ereignisreichen Tag im Kopf herumschwirrt.

Mein Meditationslehrer Marcel Geisser betont immer wieder, dass es „einfach schade" sei, wenn man dem Geist nach

der Sitzmeditation ohne Weiteres erlaubt, in alte Gewohnheiten der Unbewusstheit zurückzufallen. Krishnamurti hat
einmal festgestellt, dass Meditation eigentlich „harte Arbeit"
ist, weil sie Entschluss und Anstrengung erfordert. Warum
aber diese Arbeit, wenn wir nach ihrer Beendigung nichts
oder nicht viel daraus machen?

Wenn Sie noch nie Sitzmeditation gemacht haben, dann
kann es dennoch durchaus gelingen, die oben beschriebenen Techniken der Gehmeditation im Alltag anzuwenden.
Probieren Sie es aus. Es kann nicht schaden und ist möglicherweise ohne jede Erfahrung mit klassischer Meditation
sehr hilfreich. Wir sind individuell sehr verschieden und
bringen unterschiedliche Grundvoraussetzungen mit, wenn
wir zu meditieren beginnen.

Wenn Sie aber die Möglichkeit haben, Sitzmeditation zu einem regelmäßigen Bestandteil Ihres Tages zu machen, zum
Beispiel jeden Morgen und jeden Abend vor dem Schlafen,
und wenn es Ihnen gelingt, diese Gewohnheit mit ebenso
regelmäßiger Gehmeditation bei Ihren täglichen Wegen und
Gängen zu verbinden, dann werden die positiven Auswirkungen auf Ihren Geist und Ihre Lebensqualität nicht auf
sich warten lassen.

Diese Kombination kann zu Ihrem Weg der Befreiung werden. Sie kann Ihnen helfen, vieles oder sogar alles von dem,
was Sie an Sorgen und Problemen quält, zur Ruhe zu bringen
und schließlich aufzulösen. Denken Sie nicht, Sie seien ein
besonders schwieriger Fall, dem nicht gelingen wird, was anderen gelang. Dies ist fast nie der Fall und nur ein Trick unseres Verstandes, der seine Macht über uns nicht verlieren will.

Was anderen gelang, kann auch Ihnen gelingen. Das Wort „gelingen" ist jedoch leicht irreführend, denn es gibt eigentlich kein Ziel zu erreichen. Gehmeditation im Alltag kann uns helfen, den jetzigen Moment wahrzunehmen und zu genießen. „Enjoy it" ist ein sehr häufig wiederholter Ratschlag von Thich Nhat Hanh. Wenn wir unser Leben bewusst wahrnehmen, wenn wir uns befreien von hundert ungeordneten Gedankenfetzen und von der Tyrannei eines Verstandes, der unsere Welt ständig in gut und schlecht, in richtig und falsch, in wichtig und unwichtig einteilen will, dann geht es uns einfach sofort besser. Darum geht es und um nicht viel mehr.

Marcel Geisser erzählt oft davon, wie Thich Nhat Hanh ihn einmal in einem Park in Prag gefragt habe, welchen Geist wohl die Menschen in diesem Park hätten, die dort spazieren gingen, auf den Bänken saßen und ihre Hunde ausführten: „negativ, positiv oder neutral?" „Ziemlich neutral, vermute ich", war Marcels Antwort. „Und wie leicht wäre es, diesen neutralen Geist in einen positiven, freudvollen Geist zu verwandeln", entgegnete Thich Nath Hanh.

So ist es. Beobachten Sie einmal die Gesichter der Menschen, die Sie an einem beliebigen Tag auf den Straßen sehen. Wie viele dieser Gesichter wirken angespannt, unzufrieden und unglücklich! Haben diese Menschen alle schwere Probleme und ernste Sorgen, haben sie alle soeben eine Todesnachricht erhalten? Ich bezweifle es. Sie sind einfach verloren in einem unbewussten Geist. Und es ist geradezu erschreckend einfach, sich von diesem Geist zu befreien. Tun Sie es. Sie können dabei nur gewinnen.

Meditations-Retreats

Ich nehme nicht gern an Retreats teil. Dennoch habe ich mittlerweile Dutzende Retreats miterlebt und bin froh, an ihnen teilgenommen zu haben.

Ich suche seit jeher im Leben vor allem eines: Freiheit. Freiheit bedeutet zunächst, dass ich frei bin zu tun, was ich will. Bei näherem Hinsehen aber zeigt sich, dass dies zwar Grundlage jeder Freiheit sein muss, aber nur die Oberfläche darstellt. Denn es stellen sich ein paar Fragen: Mit welchem Geist tue ich, was ich will? Welcher Geist will da etwas? Bin ich frei, solange ich noch etwas will?

Ein Retreat schränkt meine Freiheit – von außen betrachtet – stark ein. Die genaue Organisation hängt von dem jeweiligen Praxiszentrum und seiner Tradition ab, doch meine Erfahrungen sind ungefähr diese: Der Tagesablauf ist auf die Minute festgelegt, elektronische Medien sind nicht verfügbar, man verbringt den Tag größtenteils oder ausschließlich in Schweigen, es gibt teilweise detaillierte Vorgaben, auf welche Art man zu essen hat, das Lesen von Büchern ist nicht streng verboten, gilt aber als nicht hilfreich, ab 22 Uhr ist Bettruhe – und so weiter. Alles dies soll mir helfen, mit meinem Geist in Kontakt zu treten; es ermöglicht innere Stille, indem zunächst äußere Stille geschaffen wird. Es kann mir helfen zu erkennen, was mein Geist will und warum er das will, um zu überprüfen, ob „ich" das wirklich will.

Mein „nicht gern" aus dem ersten Satz dieses Abschnittes entspricht also dem „keine Lust" aus dem Abschnitt über die „Sitzmeditation". Auch hier ist es eine Bewertung des Verstandes, der Gewohnheiten nicht aufgeben will, denn das ist das Einzige, was der Verstand kann und permanent macht: Vergleiche anstellen mit der Vergangenheit, Bewährtes erhalten und Neues mit Skepsis betrachten, insbesondere Neues, das auf den Verstand weniger Gewicht legt, wie Meditation oder gar der Entschluss, sich für einige Tage an einen Ort zurückzuziehen, um dort intensiv Meditation zu üben.

Wir haben alle unsere besonderen persönlichen Bedingungen. Meine Schwierigkeit mit der scheinbaren Aufgabe von Freiheit ist meine persönliche Schwierigkeit. Sie ist kein Mangel und kein Fehler. Sie ist Ergebnis meiner genetischen Prägung, meiner Geschichte, meines Umfeldes, meiner Erziehung und anderer individueller Einflussfaktoren. Allgemein aber gilt: Ein Retreat kehrt die Verhältnisse um. Während wir im täglichen Leben normalerweise nur Inseln des meditativen Geistes schaffen können und uns ansonsten leider größtenteils in Unbewusstheit verlieren, geschieht bei einem Retreat das Gegenteil. Der achtsame, bewusste, wache Geist wird zur Regel, das Sichverlieren in Unbewusstheit kann zur Ausnahme werden.

Man kann nicht sagen, dass Meditations-Retreats über mehrere Tage oder gar Wochen für jeden Menschen eine gute Sache sind. Doch die Umkehrung der Verhältnisse zugunsten eines bewussten und wachen Geistes ist ein derart kostbarer und hilfreicher Zustand, dass wir nicht darauf verzichten sollten, es auszuprobieren, wenn wir an Meditation Interesse haben.

Wir haben in diesem Buch Beispiele für Gehmeditation im Alltag an verschiedenen Orten gesehen. Es spricht nichts dagegen, das meditative Gehen in diesen Situationen jetzt und heute auszuprobieren – egal ob Sie regelmäßig meditieren, Retreats besuchen oder von alledem zum ersten Mal hören und keine praktische Erfahrung damit haben. Alles gelingt jedoch leichter und mit mehr Freude, wenn die Bedingungen gut sind. Ein Praxiszentrum wie das Intersein-Zentrum oder das Haus Tao (um die beiden zu nennen, die ich besuche, es gibt zahlreiche andere und sehr gute) bietet Ihnen perfekte Bedingungen. Hier wurden Wege speziell für Gehmeditation angelegt! Hier wundert es niemanden, wenn Sie langsam, konzentriert und bewusst gehen. Hier können Sie die Lehrerinnen und Lehrer um Rat fragen. Es ist still, es gibt keine oder sehr wenig Ablenkung. Sie können Gehmeditation allein oder in der Gruppe üben, Sie müssen nicht das Gefühl überwinden, etwas Absonderliches zu tun, wenn sie zum Beispiel im Regen oder im Dunkeln Gehmeditation praktizieren. Es ist von unschätzbarem Wert, diese Orte zu unserer Verfügung zu haben und an ihnen von Lehrerinnen und Lehrern unterstützt zu werden, die eine seit zweieinhalbtausend Jahren bestehende Tradition repräsentieren, die ja nur so lange anhalten konnte, weil sie immer wieder vielen Menschen geholfen hat, das Leiden des Lebens zu überwinden.

Ich nehme „nicht gern" an Retreats teil, doch gerade deshalb rate ich Ihnen unbedingt, es auszuprobieren. Auch ich werde dies weiter tun. Es ist leicht möglich, dass Sie auf weniger Hindernisse stoßen als ich. Sicher aber ist, dass Sie die richtigen Bedingungen vorfinden werden, um Ihren Geist und die Realität liebevoll zu betrachten und selbst herauszufinden, was Freiheit für Sie wirklich ist.

Es ist Zeit zu gehen

Zum Abschluss ein Gedicht, das ich vor einigen Jahren nach einem Retreat verfasst habe:

Ich bin nicht allein.
Der Buddha ist bei mir
und er reicht mir seine Hand.

Ich muss sie nehmen, das ist alles.

Nehme ich sie nicht,
versuche ich es selbst,
so bin ich verloren.

Denn was ist selbst?
Mein Verstand
und meine Erfahrungen.
Verstand und Erfahrungen aber
sind nichts
als ewige Wiederholung.

Neu ist nur das Jetzt,
das Jetzt an der Hand des Buddha.

Nehmen wir also die Hand des Buddha und gehen wir gemeinsam in eine neue Zeit. Ein neues Bewusstsein erwacht um uns herum, es ist bereits da. Jeden Tag spüren und erkennen mehr Menschen, dass der materielle Wohlstand nicht ausreicht, uns glücklich zu machen. Große erleuchtete Lehrerinnen und Lehrer verschiedener spiritueller Traditionen leben in unserer Zeit, wir können zu ihnen gehen, wir können ihre Bücher lesen, wir können im Internet jederzeit ihre Vorträge hören. In allen Städten gibt es Zentren und Gruppen, in denen Menschen das neue Bewusstsein suchen und üben.

Meine Vorschläge zur Gehmeditation im Alltag sind ein kleiner Beitrag, einer von vielen Bächen, die in diesen großen Strom des neuen Geistes einmünden. Sie sind ein Mosaiksteinchen im Gesamtbild. Das meditative Gehen ist eine Praxis, die uns konkret helfen kann, hier, jetzt, sofort.

Aber wir sollten nicht vereinsamt vor uns hin üben. Unser Ziel ist keine individuelle Befreiung, es kann nicht um unsere Rettung allein gehen. „In den Himmel geht ihr immer nur mindestens zu zweit ein", sagt Robert Betz.

Ich stehe Ihnen zur Verfügung. Kontaktieren Sie mich und kontaktieren Sie Lehrerinnen und Lehrer, die Gehmeditation üben, lehren und anbieten. Wir sollten gemeinsam Gehmeditationen zur Übung machen in Schulen, Therapiezentren, Krankenhäusern (für Patienten und Mitarbeiter), Altenheimen, Kirchengemeinden, Vereinen, Gefängnissen, Behörden, Unternehmen und überall dort, wo Menschen zusammenkommen und zusammenarbeiten. Leisten Sie Ihren Beitrag. Werden Sie zu einem Mosaiksteinchen im Gesamtbild der neuen Zeit, indem Sie Gehmeditationen an diesen und anderen Orten vorschlagen und organisieren.

Die neue Zeit ist da, das neue Bewusstsein erwacht. Und es ist Zeit zu gehen. Jetzt.

Danksagung

Wenn dieses Buch Ihnen hilfreich ist, dann bitte ich Sie,
gemeinsam mit mir folgenden Personen zu danken:

meinen Eltern,
die mir bei zahllosen Spaziergängen
durch die Erkrather Wälder
als erste bewusstes Gehen nahegebracht haben;
der Sangha der Thich Nhat Hanh-Tradition in Mailand,
bei der ich gelernt habe, was Meditation ist;
Karl und Helga Riedl vom Intersein-Zentrum;

meiner Frau,
die mich täglich in allem unterstützt,
auch in der Meditationspraxis;
der Sati-Zen-Sangha des Haus Tao;

und vor allem:
meinem Lehrer Marcel Geisser.

© privat

Volker Winkler

Gehen Sie mit?

Warum interessieren Sie sich für Gehmeditation?

Ich weiß heute, dass mein Interesse an Meditation am Anfang damit zu tun hatte, dass ich der Frage zu misstrauen begann, „was" ich im Leben tun sollte. Mir dämmerte es, dass es möglicherweise nicht so wichtig ist, „was" ich im Einzelnen tue, dass es aber sehr darauf ankommt, „wie" ich es tue.

Bei einer Veranstaltung mit dem Dalai Lama in der Toskana bin ich 2001 mit der Meditation in Berührung gekommen und beides, die Meditation und die mit ihr tief verbundene Frage nach dem „Wie", haben mich nicht mehr losgelassen.

Ein Jahr später habe ich die Frage nach dem „Wie" zusammen mit meiner Frau, der Radiojournalistin Kirstin Hausen, zur zentralen Frage meines Lebens gemacht. Wir haben seitdem Retreats und lokale Praxisgruppen in der Plum Village Dhyana-Schule des Meisters Thich Nhat Hanh besucht und Meditation wurde zum regelmäßigen Bestandteil unseres Lebens.

Wenig später haben wir uns in Lugano niedergelassen und ich habe in Tao Roshi (Marcel Geisser) vom Haus Tao am Bodensee meinen Lehrer gefunden. Das Haus Tao folgt der Tradition von Thich Nhat Hanh mit einem besonderen Ansatz, der die Achtsamkeitspraxis mit der Zen-typischen Betonung der Umsetzung im Alltag verbindet. Dies bedeutet, dass wir uns dort einerseits mit intensiver Einsichtsmeditation beschäftigen, andererseits aber diesen meditativen Geist sofort und immer wieder neu im Alltag erleben und erproben.

Der Geist und diese Praxis im Haus Tao haben mich zu dem Buch „Gehmeditation im Alltag" inspiriert. Ich hatte schon lange zuvor bei Dharma-Talks in Plum Village oder bei anderen Veranstaltungen von Thich Nhat Hanh selbst gehört, dass wir jeden der täglichen Wege des Lebens zu einem Weg der Gehmeditation machen können. Hier im Haus Tao unter der Anleitung von Marcel Geisser begann ich zu verstehen, welchen Ansatz mir Thich Nhat Hanh damit wirklich vorgeschlagen hatte. Von da an ging es mir nur noch um das „Wie" und fast gar nicht mehr um das „Was".

Ich ging meine täglichen Wege anders. Nachdem ich so einige Jahre Gehmeditation auf Gängen und Korridoren, in Warteschlangen und auf so manchem Strand, Weg oder Pfad betrieben hatte, wurde mir das fantastische Befreiungspotential dieser Praxisform wirklich klar.

Verstehen Sie mich nicht falsch: Mir gelingt die Konzentration auf das Hier und Jetzt vielleicht genauso selten wie Ihnen, auch ich muss mich immer wieder „wecken" und jeden Tag und in jeder Situation neu beginnen – aber ich verstand, dass ich einen hilfreichen Beitrag leisten kann, wenn ich diese Praxisform beschreibe und verbreite, um möglichst viele Menschen zu inspirieren, alltägliche Schritte zu Schritten ins Jetzt zu machen.

Doch es fehlte noch etwas, um dies möglich zu machen, es fehlte noch etwas Entscheidendes: das Medium, der Kanal, der Überbringer der Nachricht, sozusagen. Und den fand ich im Windpferd Verlag und in seiner Verlegerin Monika Jünemann.

Im Windpferd Verlag traf ich auf Menschen, welche die Achtsamkeitspraxis, die Meditation und diese ganze große geistige Transformationsbewegung nicht allein zum Gegenstand ihres Geschäftes machen oder als Möglichkeit persönlicher Bestätigung betrachten, sondern gelassen und doch professionell vermitteln: Daran glauben wir, so leben auch wir und deshalb machen wir das, Tag für Tag, Schritt für Schritt. Das war der Geist, den ich schon aus dem Haus Tao kannte: die Banalität des Guten, die Frage nach dem „Wie".

Mein Wunsch ist nicht allein, Ihnen mit einem Buch Freude und Inspiration zu geben, sondern gemeinsam mit Ihnen die Praxis der Gehmeditation im Alltag zu verbreiten, unterstützt von Marcel Geisser und anderen Lehrenden und Meditierenden im Haus Tao und in anderen Praxiszentren, vom Windpferd Verlag und anderen Organisationen und Einrichtungen.

Auf der Webseite www.gehmeditation.ch veröffentliche ich Textbeispiele und Links zu Videos, die verschiedene Gehmeditationen im Alltag zeigen und erläutern. Auf facebook.com/gehmeditation trete ich sehr gern und so oft wie möglich in Kontakt mit Menschen, die Gehmeditation zum Teil ihres Alltags machen (übrigens auch auf Italienisch und Englisch).

Gehmeditation kann immer mehr zu einem hilfreichen Bestandteil des Lebens vieler Menschen werden. Wo soll das beginnen? Nun, es muss da beginnen, wo Gehmeditation besonders hilfreich und wichtig ist: in Krankenhäusern, Altenheimen, Therapiezentren, Schulen, Universitäten und Unternehmen, denn dort heilen und gesunden wir, dort lernen und arbeiten wir.

Wenn wir mit dem neuen Geist des Hier und Jetzt heilen und gesunden, lernen und arbeiten, dann kann vielleicht tatsächlich „die neue Erde" entstehen, von der Eckhart Tolle spricht. Dieses Buch steht ja zum Glück keineswegs am Anfang dieser großen Transformation – sie ist seit langem im Gange, sie geht weiter und die Praxis des achtsamen Gehens im Alltag ist ein Teil von ihr.

Es ist alles vorhanden, um gemeinsam in eine neue Zeit zu gehen. Gehen Sie mit?

Ihr

Volker Winkler
Lugano, Sommer 2014